JN152471

シリーズ【実像に迫る】008

武市半平太

松岡 司

matsuoka mamoru

戎光祥出版

はしがき

小高い丘の木の上で、カラスが鳴いている。高い空からかん高い鳴き声がするのはヒバリだろうか。ここ吹井の里は、三一番札所の高知市竹林寺から、南国市の三二番札所禅師峰寺へ行く途中にある。木々の若葉が芽吹き、山々が笑うこの時期、白装束に身を包んだお遍路さんの姿が絶えない。見ていたら、武市半平太のお墓のほうからも、二人、三人と下ってきた。遍路の道すがら参拝したのだろうか、あるいは軽い気持ちで記念館を見に行ったのだろうか。どちらでも（本当の半平太を知ってほしいな）と私は思った。

少し水を抜いた田では、タニシがいたる所に見られる。ヤゴのぬけがらも、成長した稲の苗のあちこちで目にふれる。水をたたえた田には、小さなメダカがスイスイ。今年も吹井はきっと豊作になるだろう。

現在も大切に残されている半平太の家のまわりには、いろいろな種類の果樹や野菜がある。若葉の上を雪のような花でおおっているのは、上の段の栗たち。下数段の梨の実は袋をかぶせられ、栗畠との間には柿の木も植わっている。一番下ではトウモロコシの花が気取ったように天を衝き、何も植えていない土地には、タンポポの帽子がいくつも、今にも飛び立とうとしている。

近くの花畠ではスジグロシロチョウが乱舞し、オスとメスが追っかけあいをし、小川には産卵をしているのだろう、ツンツンと水にふれるムギワラトンボがいる。

半平太が生まれた吹井の里は、当時も似た風景だろう、このようなごく普通の小さな農村地帯だった。この農村に住む身分の低い武士を「郷士」といい、半平太の家も元は郷士。祖父のときに少し身分をあげて、白札と呼ばれるようになった。その家から日本を揺るがす半平太が出た。

吹井では、毎年五月一一日に厳粛な式典がおこなわれる。実際に歿した慶応（けいおう）元年（一八六五）閏五月一一日は、陽暦の七月三日にあたる。とてもさわやかな気候とはいえなかったはずだが、この祭の式日は、やっと根付いた稲を春風がそよと流す、良い時候だ。

拙宅から車で一五分ほど。自転車でも三〇分あれば行けるか。中途、市街化が進んだとはいえまだまだ田地がのこり、とくに吹井も近い五台山（ごだいさん）東部のあたりは、段差のない田が見渡す限り広がる。水の張った緑一面の中を走り、心洗われた気持ちになって式典に臨んでいる。

その式は、吹井の人々が総出でおこなう。ただの観光イベントといったものではなく、吹井が生んだ途方もない偉人の祭事として、心を込めて式典を開き、心を込めて舞台裏をささえる。

毎年、東京その他から武市一族が参集し、この人たちは会場の右側に、また、高知県内の行政機関その他の関係者が左側の席に着く。同じような構成が、神官二人の唱和する高調子の祝詞（のりと）によって、休むことなく荘重に繰り返される。

地区の人たちは幼い頃より、武市半平太の偉大さをいつも教えられてきた。そのゆえに、言われなくとも、進んで祭典に奉仕するようになった。喜んで直来（なおらい）の手料理を構え、東京の子孫をもてなすようになった。

今も慕う人の絶えぬ偉人は、どんな業績をあげたのだろうか。ふりかえってみよう。

二〇一七年二月

松岡　司

シリーズ【実像に迫る】008
武市半平太

目次

第二部　天誅からの投獄生活…………43

第三章　獄中での生活と闘争……………………75

武市半平太ゆかりの品々と美術

◀牡丹図　武市半平太画■松村繁氏蔵

▶女役者図　武市半平太画■個人蔵

▲竹図　武市半平太画■高知県立歴史民俗資料館蔵

◀美人図　武市半平太画■『田中青山伯』（大正六年刊）より

▶半平太所用の刀・河内守藤原正広（全体および銘文部分）■個人蔵　高知県立歴史民俗資料館寄託

◀武市家に伝えられた軍旗
■高知県護国神社蔵

第一部　尊王攘夷と土佐勤王党

日本各地で剣術修行に励む半平太を襲った、相次ぐ外国船の襲来。未曾有の国難に際して半平太は土佐勤王党を結成し、尊王攘夷運動に邁進していく。

武市半平太像■公文菊僊筆　高知県護国神社蔵

第一章 剣術に明け暮れた土佐での生活

■開拓者だった先祖■

中世の終わりごろ、吹井は現在の高知市東南部となる、仁井田・池をあわせた「池村」の一画だった。池村には水分、砂地など、水にまつわる地名があり、吹井もそうだろう。しかし、所によっては水はけがよく、古代は野原が多かった。

浅茅生の　野辺にしあれば　水もなき
　池に摘みつる　若菜なりけり
（「土佐日記」*1）

平安時代、国司・紀貫之が都へ帰るときに、池に近い大湊で池の人から若菜をもらった。そこは浅茅のはえる野原と、水の枯れた池が広がっていたのだ。

半平太の先祖は、この地域で開拓にはげんだ。武市家に残る系図に、公家の流れで伊予国に住み、武市治部佐康範のときに土佐国の仁井田へ移ったとある。文安年間（一四四四〜八）というから、室町時代のなかばだ。

それより一四〇年ほどへた、天正一五年（一五八七）の「長岡郡池村地検帳」と

半平太の旧宅下にある畑■高知市仁井田

*1土佐日記■土佐の国司として赴任していた紀貫之が、任期を終えて京都へ帰る旅路を書き記したもの。書き手を女性に仮託している。全体を仮名で書き、作品中には五十七首の和歌が収録されている。

いう史料に、武市氏が載っている。池の城主である池氏の給人[*2]あるいは耕作者として何人かの名が記され、そのなかの名字を許された彼らのひとりに武市記介という人がおり、わずか五代（三〇坪）の屋敷に住んでいた。一部に田のある、水に浸かりやすい悪条件の屋敷で、ほかに与えられていた一反少々の田も悪田といってよい。

この記介が武市家系図に載る「喜介」とするなら、二代前に治部佐がおり、そしてずっと先の半平太へつながる人だった。喜介は厳しい生活の中で、一所懸命に一領具足の仕事に従っただろう。戦場での戦いだ。しかし、池氏のあるじ長宗我部氏は滅び、武市家は浪人となった。

吹井の武市家の墓地へゆくと、半平太たちの名がきざまれた立派な墓石がならぶ右側に、自然石を盛った、名のわからないかたちばかりの墓がある。その数三個。初めからこの地に住んだ一族と思われるが、あるいは帰農した喜介たちの墓かもしれない。

■裕福な白札の家に誕生■

武市家はそのあと、いくらもたたずに郷士（武士の待遇を受けていた農民）となった。土佐藩の政治をになう野中兼山は、荒地を開くため、旧長宗我部家臣たちを郷

＊2給人■領主から領地を与えられ、領主のために奉仕する者。

長宗我部元親の墓■土佐国の国人から戦国大名に成り上がった。子盛親の代に改易され、代わりに山内氏が高知に入部し、高知藩主となった　高知市

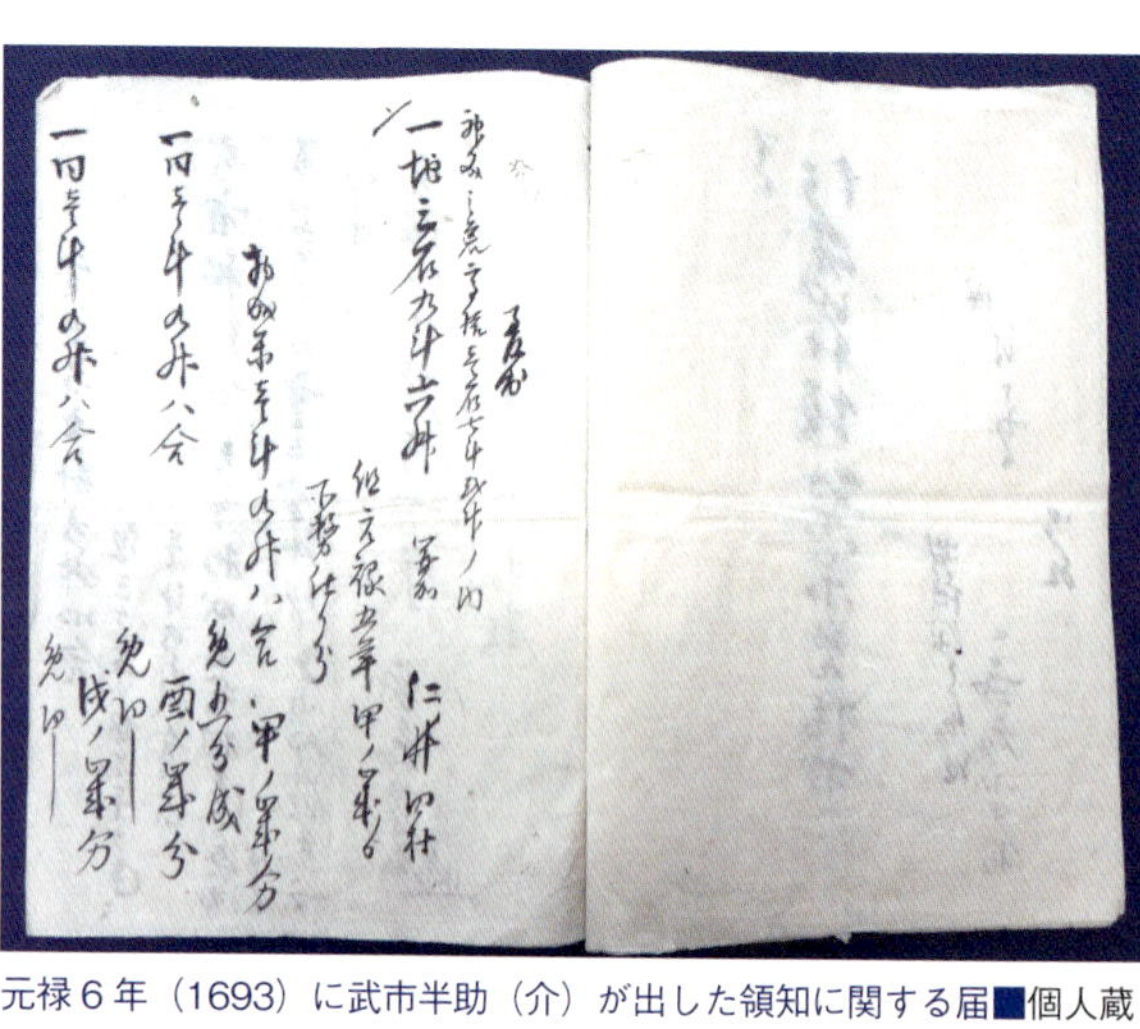

元禄6年（1693）に武市半助（介）が出した領知に関する届■個人蔵

士にとりたてた。農地三町を開くことが条件で、武市家では忠兵衛という人のようだ。

おそらく、彼は百人衆並と呼ばれた承応二年（一六五三）ごろの募集に応じたと思われ、開いた田畠はやはり池方面が多かった。その池で、一〇年もたたないうちに子の半右衛門が農地の争いを起こした。兼山に認めてもらった土地なのに、八木四兵衛という侍が自分の役知（侍が開いた私有地）だと言って譲らないためだった。

しかし、最後は半右衛門が勝ったらしく、こうして武市家が開いた田畠は、次の半介の元禄一〇年（一六九七）ごろには、新仁井田村（旧池村の西半）だけで三町五反を超えていた。半平太が生まれる前は、上野尻など今の南国市方面をあわせ、五町一反にものぼったのだ。

郷士武市家は、半介のあとをついだ二代半右衛門が、ランクを少し上げて「郷士御用人」というものになっている。郷士御用人は、藩主山内家の御用を務める

池の荒地■吹井から南へ一山越える　高知市池

＊1切米■江戸時代の給与（俸禄）のひとつで、主君の蔵米のうちから与えられたもの。

＊2白札■土佐藩の郷士のなかで、自身の功績や家系により、上士に準ずる扱いとされた者。

郷士という意味で、農村に住むだけの普通の郷士とは異なる。たまたま藩の材木切り出しに使われた半右衛門の勤めがよく、二人扶持・切米（きりまい）[*1]五石という給与をもらえるようになった。あとの数代も山や材木の仕事が続いていたところ、半八（はんぱち）という人のときに、おもにお金を計算する仕事にかわった。半八は大変熱心にこれらをやりとげ、さらに計算の改善方法について意見書をまとめた。藩庁は努力を認め、ついに白札（しらふだ）[*2]の身分へひき上げた。

こうして、半八の後を継いだ四代半右衛門のころの給与は、三人扶持・切米七石になっており、もともとの郷士としての領知もそのままある。裕福で幸せな半右衛門夫婦の暮らしの中で二女が生まれ、そして文政一二年（一八二九）九月二七日、男子のうぶ声が吹井の山にこだました。

■鹿衛から半平太小楯へ■

男子の名前は鹿衛（しかえ）だったという。ふしぎな幼名で、普通は子供らしく金太とか馬吉とかのように付ける。もしかしたら、父・半右衛門の妹と結婚している鹿持雅澄（かもちまさずみ）のためだろうか。その名字の一字であるし、鹿は神の使いと見られることがある。国学者（こくがくしゃ）の雅澄は神道にくわしく、そこで付けられたのではないか。

鳥の鳴き声が聞こえるばかりの静かな自然の中で、鹿衛は両親と姉たちに可愛が

鹿持雅澄邸跡■雅澄は白札・柳村尉平の子として生まれた。国学者として知られ、とりわけ『万葉集古義』を叙述したことで著名である　高知市

半平太の旧宅■国史跡に指定されている　高知市

られながら成長した。やがて妹、また弟の衛吉（えきち）もでき、家族はますますにぎやかとなる。かしこい鹿衛は和・漢の勉強に励みだし、体のできた一二歳になってからは剣術も習い始め、高知城下の千頭伝（ちかみでん）四郎（しろう）という師につき、たちまち剣の天性の才能が開いた。

　こうして、立派に成人した鹿衛は元服式をおこなう。幼名はこのとき、呼び名である通称と、本名である諱（いみな）に改める習いで、鹿衛は通称を半平太、諱を小楯（こたて）とした。「半」は武市家の多くの人が使っているからだが、そうすると本名も、前数代が使う「正」の一字をなぜ用いなかったのか。やはり雅澄が関係していたというのは、正しそうだ。

今日よりは　顧みなくて　大君の
　醜の御楯と　出でたつわれは
（「＊万葉集（まんようしゅう）」第二十・防人（さきもり）の歌）

身分のいやしい自分でも、天皇のための楯となって今日から立つ。皇室をうやま

半平太旧宅の池■高知市

＊万葉集■現存する日本最古の和歌集で、四五〇〇首以上を収録する。七世紀後半から八世紀後半の成立とされている。天皇や下級官人等幅広い身分の者の歌を収録しており、そのうち防人の歌とは、大化の改新ののちに九州沿岸の守りについた防人たちが詠んだ歌である。

う雅澄が、そんな歌の意味を借りて小楯と付けたというのだ。

半平太は、一四歳のときから藩の勤めに出ている。これは、父の目が悪くなりだしたためのようだ。父は、半平太が一六歳になった弘化二年（一八四五）、正式に息子の代役務めを願い出た。そして、父の身のまわりは母の鉄が世話をしていたかと想像するが、その母が四年後の嘉永二年（一八四九）八月に亡くなり、父も一ヵ月後、あとを追うように病死した。

ところが、半平太は父母の一周忌どころか、たった四ヵ月しかたたない暮れの一二月に早くも結婚する。八〇歳近くなった祖母がおり、この祖母のため、喪に服する期間の常識を破って妻を迎えたのである。名は冨といい、高知城下、新町田渕の郷士・島村源次郎の娘だった。こうして、半平太は父の死後についだ藩の仕事、そして武術の修行に専心することができだした。

剣術修行に励む

半平太は、江戸時代の日本人としては背が六尺と高く、肌は青白くさえ見え、鼻は高く、あごが少し長い。目は鋭く輝き、ひとたび声を発すれば清朗、人は描かれた龍を連想して「墨龍先生」と呼ぶ。

新町にある千頭道場で小野派一刀流の腕前を上げた半平太だが、師匠の伝四郎が

「正保城絵図」に描かれた新町田渕周辺
高知城の東に位置する　国立公文書館蔵

武市半平太の生家■母屋や土蔵などは郷士屋敷の面影を残しており、昭和十一年（一九三六）九月に国の史跡指定された。半平太が生家を出て高知城下に引っ越して以降、武市家の所有を離れている　高知市仁井田

武市半平太が新町田渕に構えた道場跡■高知城下に移ってきた半平太は、妻の叔父である島村寿之助とともに道場を開き、岡田以蔵や中岡慎太郎、久松喜代馬ら多くの門弟を抱え、彼らがのちに土佐勤王党の主要メンバーとなっていった　高知市桜井町

病死した。そこで新たな先生としたのが、＊麻田勘七（あさだかんしち）という同じ一刀流の身分の高い武士である。千頭は山内家の家来でも足軽（あしがる）にすぎなかったが、こんどは大身・馬廻（うままわり）の次男で、城に近い鷹匠町（たかじょうまち）に道場をかまえ、門人の多くも身分の高い侍だ。しかし、気おくれする半平太ではない。麻田道場へ入った嘉永三年（一八五〇）、二一歳、その年のうちに初伝（しょでん）となった。

昇り龍のような半平太の勢いは止まらず、今度は稽古場を望みだす。おりしも高知城下の東のはずれ、新町の田渕に妻・富の実家があり、運よく、すぐ近くで屋敷を持つことができた。同年三月のことである。

吹井から家を移した半平太は、時間のむだがはぶけるようになった。そのため、練習はいっそう熱心で濃くなり、同年中、庭に道場を作って弟子までとり始めた。麻田道場でも半平太がいるだけで、ピシッと締まりだしたのだろう、同五年には、早くも中伝（ちゅうでん）をもらっている。

そして半平太は翌六年（一八五三）一〇月二一日、目付方（めつけかた）から西日本への出張を命じられた。目的は「臨時御用筋（りんじごようすじ）」（「武市半平太年譜」同日条）としか記録されない。なんの用だったのだろう。藩主山内容堂（ようどう）は、この年九月に政治改革を宣言し、上下の隔たりをなくし、文武の道に励むよう求めた。これより以降にさかんとなる「御臨時御用」は、大砲台場造りのような本務もあったが、学問や剣術に励む名目でも認められた。半平太はむろん剣術修行で、自分から願いでたのだろう。

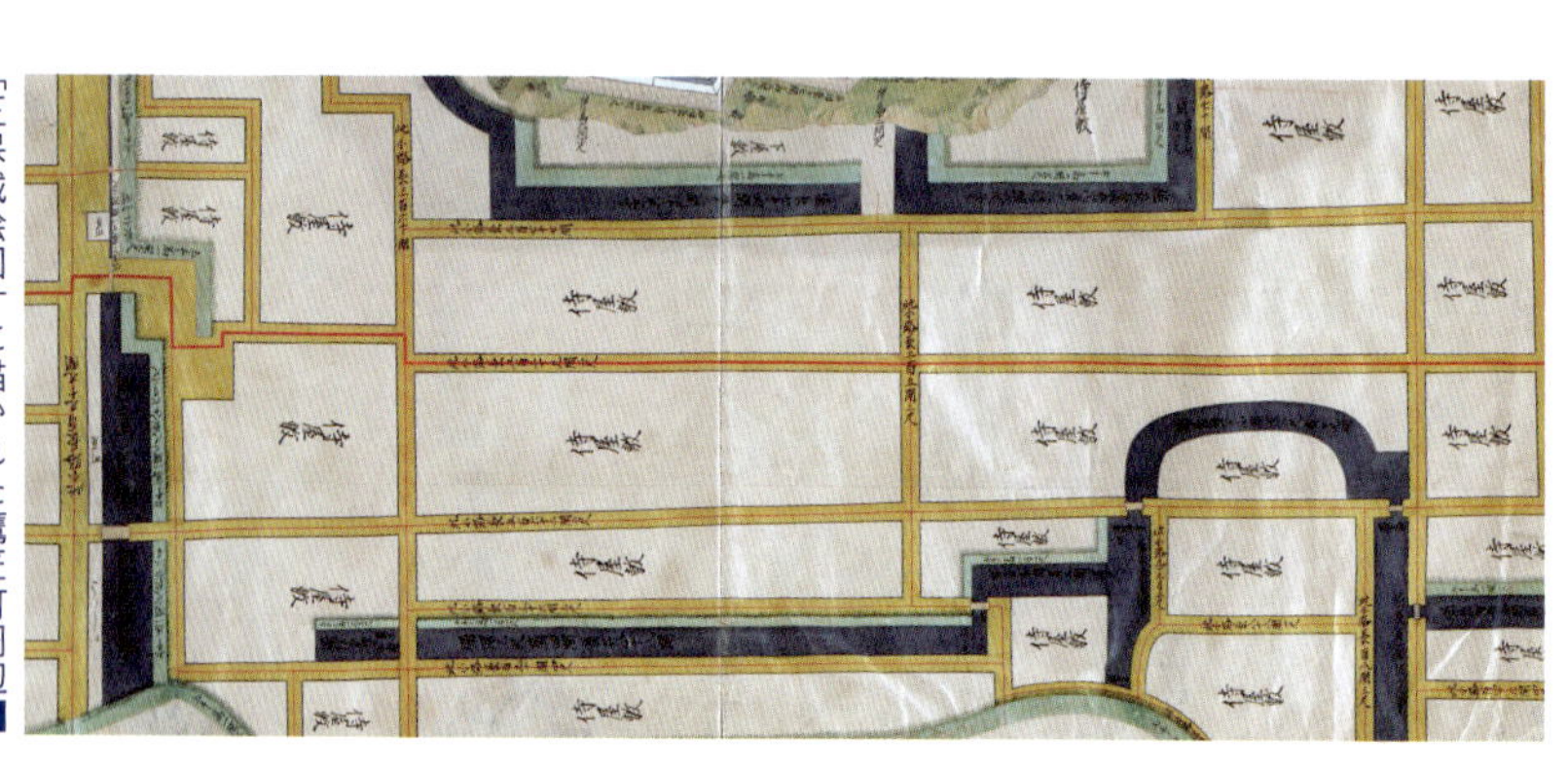

「正保城絵図」に描かれた鷹匠町周辺■高知城の南に位置する　国立公文書館蔵

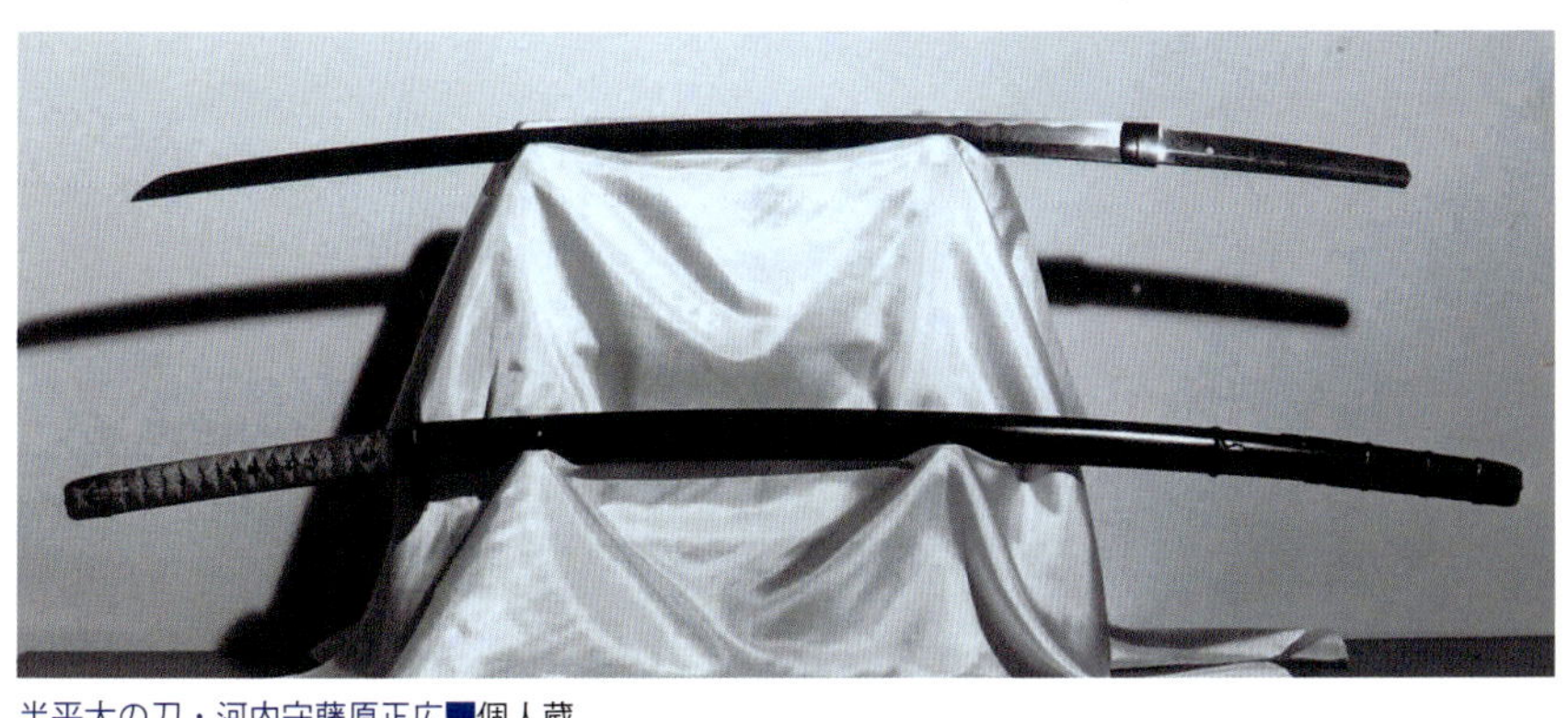

半平太の刀・河内守藤原正広■個人蔵

ところがこれは、一〇日もたたないうちに取り消された。半平太の残念な気持ちが想像されるが、じつはこの年、ペリーひきいるアメリカ軍艦の浦賀来航があった。容堂の藩政改革はつまり、これを受けたものだった。そして、その再来が予定されたため、土佐藩も海岸の護りを固め、大砲を造ったりせねばならなかった。半平太の出張取り消しは、こんな事情があったからだろう。

半平太は、以前に増して稽古に励んだ。今にのこる半平太の刀・河内守藤原正広は刃渡り八二．三チセン（二尺七寸）の長刀で、よほどの達人でないと一気に抜けない。こんな長い刀を思いどおりに扱う半平太の技は群をぬき、翌安政元年、皆伝を許された。

そこへ一一月五日、安政の南海地震がおき、埋立地である新町はひとたまりもなかった。本町に仮住まいしたが、家を再建せねばならず、

＊麻田勘七■勘七は通称で、名は直養。三代目桃井春蔵に鏡心明智流を、千頭伝四郎に小野派一刀流を学んだ。土佐藩校致道館の剣術指南役をつとめ、多くの土佐藩士を門弟とした。

「ペリー提督・横浜上陸の図」■浦賀に来航した翌嘉永七年に再来したペリー一行は横浜に上陸し、日米和親条約が締結された　横浜開港資料館蔵

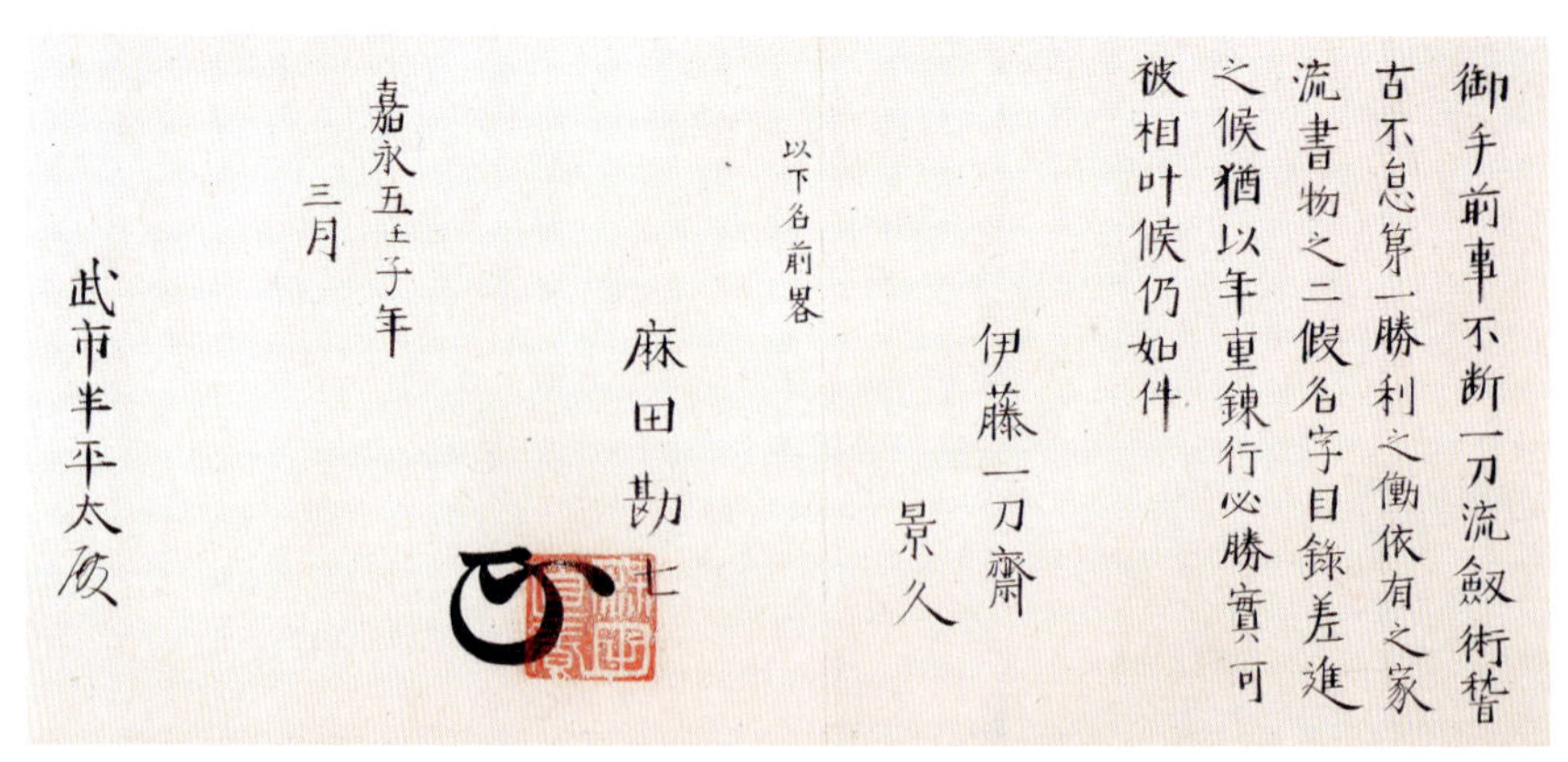

御手前事不断一刀流剣術稽古不怠算一勝利之働依有之家流書物之二假名字目録差進之候猶以年重錬行必勝實可被相叶候仍如件

伊藤一刀斎
景久

以下名前畧

麻田勘七

嘉永五壬子年
三月

武市半平太殿

半平太が麻田勘七からもらった一刀流兵法中伝目録■高知県立歴史民俗資料館蔵

田淵にあった半平太道場■河野棹舟筆　高知県立歴史民俗資料館蔵

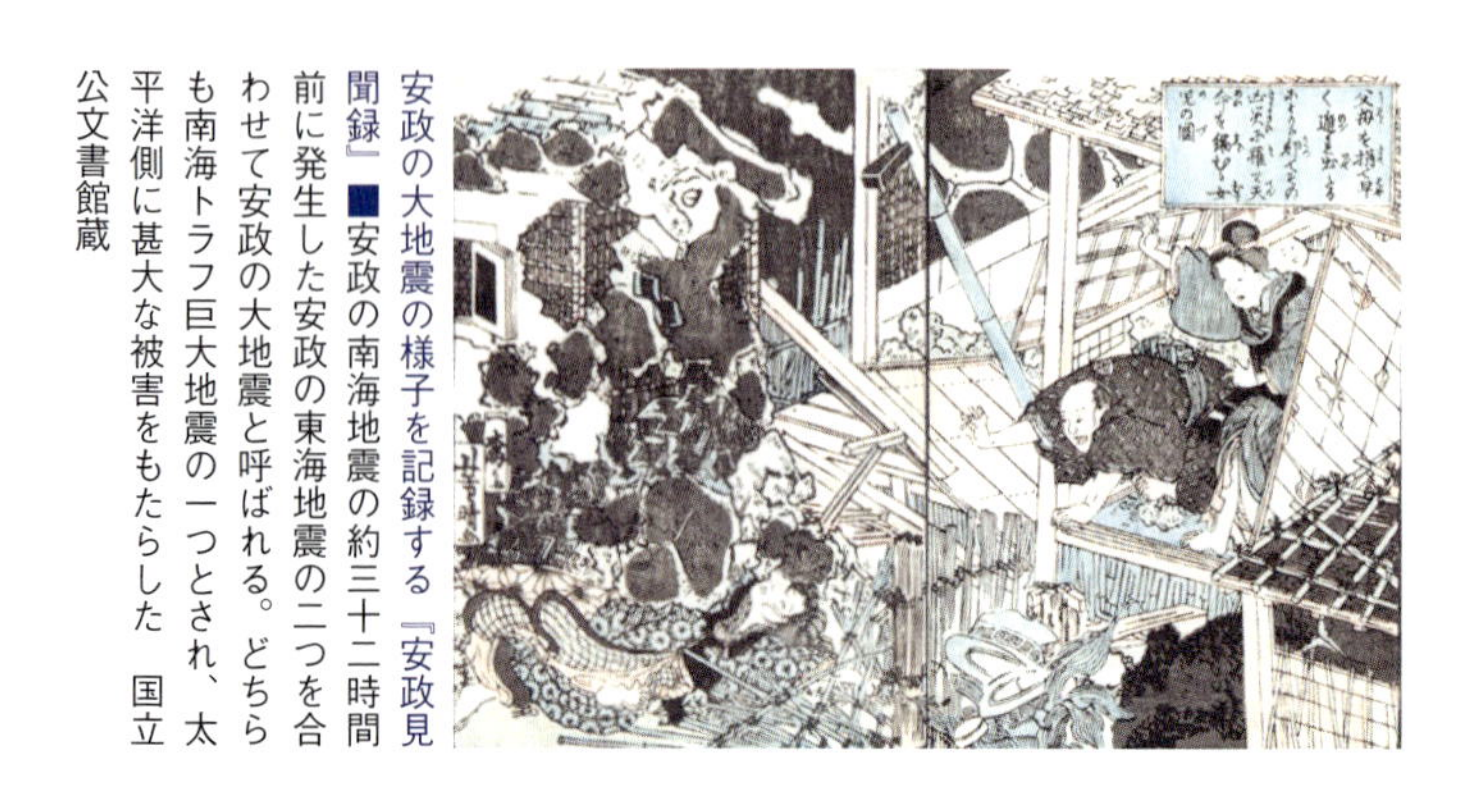

安政の大地震の様子を記録する『安政見聞録』■安政の南海地震の約三十二時間前に発生した安政の東海地震の二つを合わせて安政の大地震と呼ばれる。どちらも南海トラフ巨大地震の一つとされ、太平洋側に甚大な被害をもたらした　国立公文書館蔵

吹井から大工をよび、とりあえずできあがったのが、四畳と三畳が一間ずつあるだけの小さな家だった。むしろ、力を入れたのは道場の建築だった。

翌二年正月にできた姿は、のちの絵によると六間に四間の長方形で約一一×七メートルとなり、屋根は萱か藁でふかれていた。長いほうの壁はそのまま敷地境の溝に接し、のこりを黒い板の塀で境する。その道場を午前の槍と午後の剣にわけ、冨の叔父島村寿之助*が槍を、半平太が剣を教える。そして半平太は島村の指導中、師の麻田道場へかよって、ここでも指導と稽古をくりかえした。

半平太が大変すぐれた剣士と知った藩庁は、田野、赤岡と、たて続けに剣術の指南を命じている。両所とも郡奉行所がある所で、郷士や庄屋とその子弟らが数多くいた。そんな中から、中岡慎太郎のような立派な志士が生まれる。

このように、半平太は剣の修行にいちばん熱心だった。しかし、他に何もしなかったというわけではない。義

中岡慎太郎■国立国会図書館「近代日本人の肖像」より

*島村寿之助■土佐藩の郷士で、実名は雅事。武芸に秀で、とりわけ槍術に優れたという。土佐勤王党の結党後は、半平太を補佐して活躍した。

田野に置かれた安芸郡奉行所跡■高知県田野町

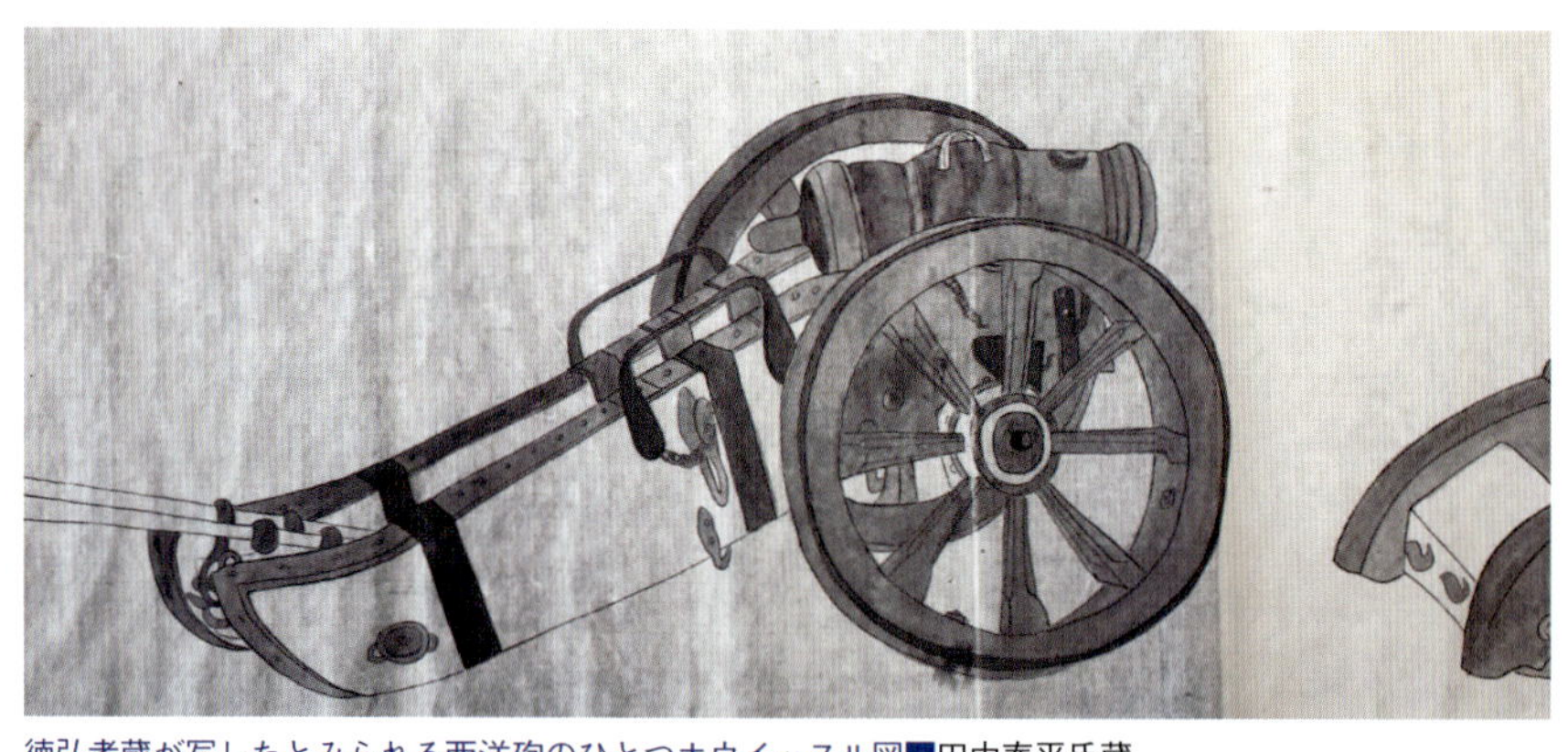

徳弘孝蔵が写したとみられる西洋砲のひとつホウイッスル図■田中泰平氏蔵

理の叔父に激しい尊王攘夷をさけぶ鹿持雅澄がいたし、半平太が幼いころに学んだ徳永達助もおなじ国学者であった。学問にもまじめに取り組み、また、絵も西洋流砲術の先生でもある*徳弘董斎に学んでいる。

そんな市井のかたわらで、世の中は急速に波立ち始めていた。

半平太は一六歳になる弘化二年（一八四五）正月、西洋流砲術の先生である徳弘孝蔵に入門している。大変早い時期の入門で、岡田以蔵や坂本龍馬などより一〇年前後早かった。孝蔵は「董斎」の号をもつ半平太の絵の師でもあったから、もしかしたらその縁だったかもしれない。幕府の指示をもって、土佐藩が藩士以下に西洋流砲術の稽古を強く勧めたのは、嘉永六年（一八五三）のことで、半平太の西洋砲への関心は、土佐に導入した人たちに次ぐほど早かった。

須崎台場跡■幕末の海岸防備のために、文久三年（一八六三）に土佐藩によって築かれた。現在は国指定史跡となり、公園として整備されている　高知県須崎市

*徳弘董斎■土佐藩の御持筒役を代々つとめる家に生まれ、島田流砲術や高島流砲術を学び、土佐初の洋式砲術家となったひとり。名を孝蔵といい、董斎は画家としての号である。

安政二年（一八五五）、孝蔵が龍馬ら門人に稽古をさせたときの記録がのこる。そこで使った砲は、野戦筒・十二斤軽砲・二十四斤長加納などで、「十二斤」は一二キロの砲弾、「長加納」は長距離カノン砲のことである。半平太も陣笠をかぶり、わずかでも大砲を撃ち、銃隊の訓練に励んだ時期があったことは、まず確かだろう。

桃井道場で頭角をあらわす

半平太は同三年八月、藩命をもって江戸へ出て、府下に名をとどろかす、浅蜊河岸にあった鏡新明智流の*桃井春蔵の道場・士学館へ入った。通いを途中から寄宿にあらため、凍てつく冬には岡田以蔵ら総勢一二〇～一三〇人ほどが寒稽古にはげむ。半平太はすぐに頭角をあらわすが、それだけでなく、彼はとびぬけた人格者でもあった。

入門した頃、塾生の多くは酒や女にうつつを抜かしていた。半平太の手紙に、彼らをして「安方塾之者」（同四年八月一七日、島村源次郎宛状）と記したものがある。半平太は心配し、たまりかねて師に、塾内の弊風を糺さねば師の名を汚すと進言した。師は逆手にとって、半平太にむりやり塾頭を受けてもらう。すると師に相談して塾の規則をさだめ、乱れきった人の出入りを厳格にした。塾生は皆、不平をいい、規則を破る者まであらわれるが、そこは意志が強くて肝のすわった半平太である。

*桃井春蔵■幕末から明治期に活躍した剣術家で鏡新明智流の第四代。沼津藩士田中豊秋の子で、実名は直正であるが、士学館の館主は代々桃井春蔵の名跡を襲名したので、直正も同名を名乗った。士学館は斎藤弥九郎の練兵館、千葉周作の玄武館と並び、幕末の江戸三大道場に数えられた。

桃井春蔵の道場・士学館跡■東京都中央区

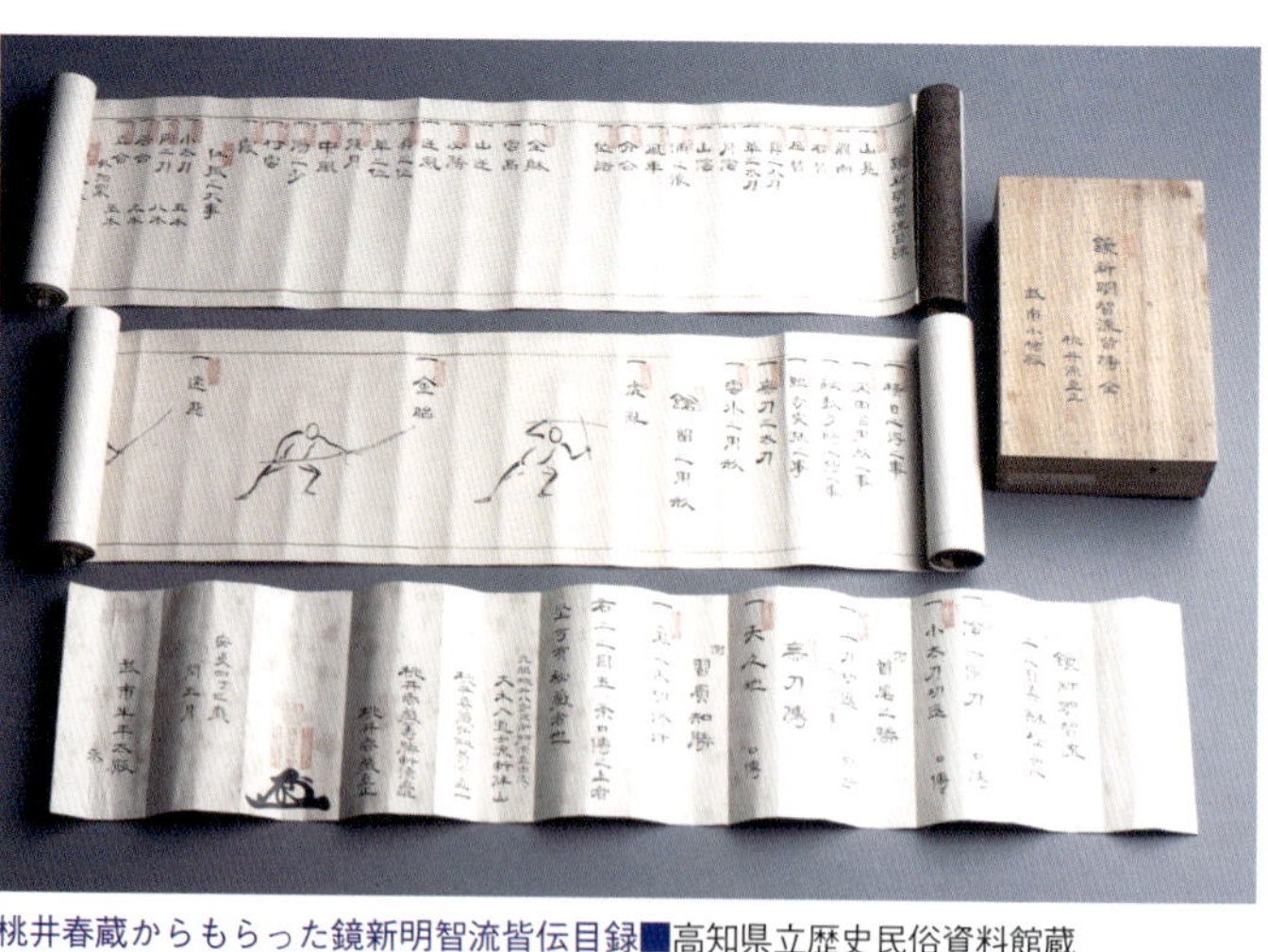

桃井春蔵からもらった鏡新明智流皆伝目録■高知県立歴史民俗資料館蔵

雑音に耳を貸さぬだけでなく、違反した門人には厳しく対処した。荒れていた塾内の空気が締まり、先生の春蔵はたいへん喜んだという。

それでもタガを外す者が出てくる。半平太や以蔵と稽古する仲間に山本琢磨がおり、備中松山藩から来ている内弟子・田那村作八という者と悪さをした。大酔いのまま、近づく者に足をからませては倒す。逃げた道具屋が置き去りにした箱を踏み砕き、中から出てきた時計二つを商談にまとめた。

ところが一つはロシアからの、しかも盗まれた品であったため、商人に名前を告げていた琢磨は半平太たちの間で大問題となり、さらに藩の目付方が知って表ざた化が避けられなくなる。事件は琢磨の逃亡で棚上げとなったが、こんなことにも半平太は中心におらねばならなかった。

山本（沢辺）琢磨画像■国立国会図書館「近代日本人の肖像」より

山本（沢辺）琢磨の墓■土佐藩の郷士の家の出身で、坂本龍馬の従兄弟。時計事件後は函館に渡り、函館神明宮宮司・沢辺悌之助の婿養子となった。のちにハリストス正教の洗礼を受け、日本人初の司祭となった　東京都港区・青山霊園

藩命で江戸での修行を許されていた半平太は、期限が過ぎても自費での修行を願うつもりだった。しかし、高知の祖母が中風症(ちゅうぶう)で倒れたため、琢磨の事件処理後に帰国した。

安政四年、桃井春蔵が九月付で、鏡新明智流*の九重巻印可(ここのえまきいんか)という皆伝をさずけている。

千早ふる　神もうれしく　おほすらむ
　直なる道を　いのる民をは

（「鏡新明智流九重巻印可」）

塾の乱れを正した最高の門人に、師は心から感謝の気持ちを表しただろう。九月二八日、半平太は高知に帰った。この頃であろう逸話に、「祖母は老衰して、孫の半平太を呼ぶに半八よ半八よと申し」（「武市千賀覚書」）というのがある。祖母が亡くなったのは万延(まんえん)元年（一八六〇）だった。

■西国での武者修行■

半平太には、一〇〇人をこえる弟子がいた。彼らは亀鑑(きかん)とみなす師・半平太の取り立てを進言してもらうべく、半平太の師・麻田勘七へ申し立てている。安政四年（一八五七）一〇月のことである。その勘七の推薦があったのだろう、藩庁は半

＊鏡新明智流■大和国の桃井八郎左衛門直由が創始した剣術の一流で、直由が、槍術も学んでいたことから、槍への対応も織り込まれている。半平太も学んだ四代目桃井春蔵の頃に隆盛をきわめ、高弟として上田馬之助・梶川義正らが知られている。

祖母である半八妻の墓■高知市吹井

半平太の剣家英名録■旅中の諸藩剣士名が記される　高知県立歴史民俗資料館蔵

平太に「一生之中格段弐人扶持」（「武市半平太年譜」）を与えた。同六年の暮れには、白札・郷士以下の剣術指導にかかわる役につけている。

半平太は、なによりも剣で至誠を表そうとする人だった。剣士としての技と心を磨くため、翌万延元年、久松喜代馬・島村外内・岡田以蔵の三人をつれて武者修行の旅に出る。高知をたったのは、八月一五日前後だったようだ。

門人といっても、喜代馬は坂本龍馬と同じ千葉定吉の門で初伝を許され、さらに半平太の道場で中伝を得て師範代を務めている。師の半平太と桃井道場で修行した以蔵も達人で、江戸をたつ前には五重巻という中伝をもらう腕だった。外内も彼らに近い力を持っていたと思え、四人の行く道場には張りつめた緊張感がただよっただろう。

坂本龍馬や久松喜代馬が師事した千葉定吉の墓■玄武館の千葉周作の弟で、自身も北辰一刀流を修め、桶町千葉道場を開いた　東京都豊島区・雑司ヶ谷霊園

丸亀藩から始め、九月一七、一八日に訪れた備中松山藩には、新影流師範の熊田

恰がいた。この人は立派だが、門人三二人の二番目に、時計事件をおこした田那村作八がいる。喜代馬も桃井道場で励んでおり、当然、彼を知っていたにちがいなく、喜代馬は以蔵ともども、作八への警戒を忘れぬよう、師から忠告されたかもしれない。

こうして中国筋を広島藩、徳山藩、長州藩などと進む。一二月に入り、九州・日向の南端にある飫肥藩をもって、武者修行の旅は終わった。

ところで、武者修行の旅がわかる半平太の「剣家英名録」は、以蔵のそれと符合しない箇所がある。八月下旬、以蔵はずっと岡山天城藩の諸道場を訪ねているのに、半平太はその二週間ほどがわからない。どこへ行ったのだろうか。

半平太が書き写した桜田門外の変の記録■個人蔵

この年、桃の節句の三月三日、大老井伊直弼は、雪の降り積もった桜田門外で倒された。井伊大老といえば、天皇の許しをとらずに諸外国と修好通商条約を結んだ人物で、将軍の跡継問題がからんで有力大名と対立し、ついに安政の大獄をおこした。皇室をうやまう水戸の徳川斉昭や土佐の山内容堂らを

熊田恰画像■倉敷市立玉島図書館蔵

備中松山藩が藩庁を置いた備中松山城跡■岡山県高梁市

処分し、身分の低い長州の吉田松陰らは死罪にまで追いやっている。

水戸藩の志士たちが大老を殺した事件は、またたく間に全国へ伝わった。半平太もこの年、土佐のどこかで目にした井伊家の届や町人の見聞などを、急いで書き写している。

天城本藩岡山藩のあるじである池田慶政は、先の通商条約の無断調印に反対した。そして同家は三年後、徳川斉昭の子供を養子に迎えて尊王攘夷をはっきりさせることになる。揺れ動いていたであろうこの岡山藩が、今後どんな方向へ進むのか。半平太は彼なりに調べていたのではなかろうか。

これは九月下旬、五、六日間の動きがはっきりしない福山藩あたりでも同様だ。以蔵が福山・三原・広島と進む頃、半平太は福山藩にずっといたようにもみえる。福山藩は、三年前に病で亡くなった阿部正弘が藩主だった。かつて正弘は筆頭老中だったとき、跡継ぎがなくてつぶれる寸前の山内家を助け、同家の成り立ちなどを深く理解し、あの容堂の藩主就任を認めてくれている。その容堂が隠居・謹慎に追い込まれている。現在の阿部氏は、福山藩は、どう考えているのか。あるいはそんな探索だったのではないか。

阿部正弘画像■福山誠之館同窓会蔵

福山藩が藩庁を置いた福山城跡■広島県福山市

第二章 土佐勤王党を結成する

ポサドニック号事件の衝撃

文久元年（一八六一）六月、半平太は再び江戸へ上った。そこでまもなく、ロシアの軍艦ポサドニック号が対馬に強引に停泊していることを知る。七月に書いた手紙によれば、彼の知った内容はだいたい次のようだ。

外国奉行の部下の話では、ロシア艦が修理すると入って来て、牛の売買をめぐって百姓が対馬藩の役人にウソを言った。このためロシア艦と藩との争いになった。勢いに乗るロシア側は「対馬を貸せ」と言いだし、近頃は「対州ハ最早渠にやり候」（一八日、島村寿之助宛）といった風聞が流れている。

いつも、ありのままを書く半平太とはいえ、あえて「渠」とする点に、半平太の国への思いがみえるようだ。日本の一部を割いて譲るかもという噂を聞き、不完全な知識でも尊王攘夷への気持ちを強くしたのは確かである。

この事件はつまり、幕府に頼まれたイギリスが、対馬に軍艦を差し向けたことによって解決へとむかう。ただ、そのイギリスも対馬を軍事上の要地と見ており、日

ポサドニック号が進入した対馬の浅茅湾
右（東）に開く　写真提供：対馬市総合政策部観光交流商工課

本は隙をみせてはならない。事件の後半がわからぬ半平太の手紙には書かれていないが、当時、勝海舟の門にいた土佐の人・大石弥太郎は、九月、海舟より聞いた話を手紙に記している（九月九日、徳永達助宛）。

幕府を初め諸侯ニも英魯と戦はせ、傍観仕候積と相見へ申候、自己の用事を人ニ頼み、知らざる顔して後患の大知るべからずと思ひ候ては、夜も寝られず、書物読め申さず候

この弥太郎が、土佐勤王党の参謀として半平太をささえた人で、半平太と同年である彼は、剣をおもにする半平太に対し、和・漢の学問を良くした。それだけでなく、世の中を見通す力があり、優秀さをみた藩庁が西洋の学問を学ぶよう命じて勝塾へ通わせたほどであった。こうして半平太と思いが一致し、土佐勤王党へ結びつくのである。

■久坂玄瑞との交流と土佐勤王党の結成■

長州藩の志士と知りあいになった大石弥太郎らは、なかでも久坂玄瑞が群を抜く人と知る。彼と半平太を会わせる計画が生まれ、麻布の長州藩邸で実現した。この経緯を概説する『瑞山武市半平太先生伝』の記述は、おおむね信用してよいのではあるまいか。

小栗忠順■幕府の外国奉行としてポサドニック号事件の対応にあたった　群馬県高崎市・東善寺蔵

大石弥太郎奉納の槍■高知県護国神社蔵

同書によれば、初対面にもかかわらず、すぐに旧知のような佳境に入ったらしく、みずからの藩のことしか考えぬ人が多いなか、たがいに、日本を一番に思っているとわかってきた。そこで玄瑞は、自分の師だった吉田松陰の漢詩を取り出し、教えのもろもろなどを語りだした。話に感動しながら詩を写した半平太だが、意味が十分にわからない。同行の土佐人に教示を求め、大意を知っていっそう松陰のすばらしさを知る。ところが、それ以上に感動したのが、脇でじっと見ていた玄瑞だった。他藩人と同席でも下問を恥じぬ度量の大きさ、どこまでも誠実な姿勢をつらぬく姿に、大きな衝撃を受けたのである。これより信頼し合った二人の交流はだれよりも深くなり、共に目的とする尊王攘夷の実現にむけて走りだす。

久坂玄瑞像■写真提供：山口県立山口博物館

尊王攘夷を目ざす志士は、薩摩藩にもいた。当時、江戸にいた代表的な人が茶道方の樺山三円*で、やはり玄瑞と心が通いあい、土佐の大石弥太郎とも親しい。三者の交流が、少なくとも文久元年（一八六一）五月から始まっていたことは、三円の日記でわかる。

*樺山三円■薩摩藩主島津斉彬の側近で、薩摩・長州・水戸・土佐各藩藩士の相互連携に貢献した。西郷隆盛と水戸藩の藤田東湖を引き合わせたことでも知られる。

長州藩邸（下屋敷）跡■日比谷にあった桜田藩邸（上屋敷）の補助的な役割をはたし、藩士たちの寄宿所になったとされる。元治元年（一八六四）の禁門の変の結果、上屋敷とともに幕府に没収された　東京都港区

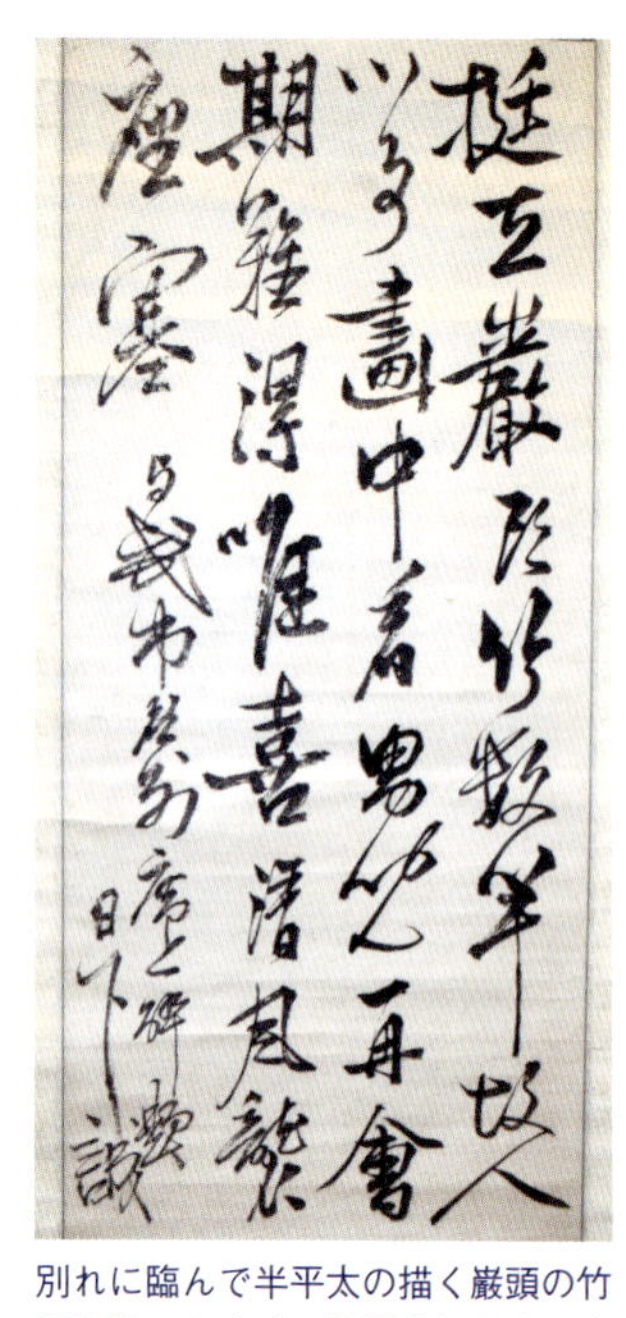

別れに臨んで半平太の描く巌頭の竹図を詠じた玄瑞の詩■高知県立歴史民俗資料館蔵

かくて、六月に江戸へ入った半平太が、薩長土三藩志士の、秘かな相談の中心になっていたことは、簡単に想像できるだろう。

半平太は同年八月、江戸で*土佐勤王党を結成した。天皇をいただく日本に外国の力が迫り、そのため立ち上がった主君山内容堂は、大老井伊直弼に対立したばかりに、かえって罰せられた。

「君、辱かしめを受る時は、臣、死す（盟曰）」。命をかけ、国のため、天皇のため、容堂のため、万民のために尽くすとして、神に誓い、血判する。右の誓いの言葉は、大石弥太郎が同志と相談しながら作ったようで、清書は半平太がみずからおこなったという。そのあとに続く連判には、まず半平太と弥太郎が名を書き、続いて江戸にいた島村衛吉・柳井健次・河野万寿弥・小笠原保馬・池内蔵太・弘田恕助・岡田以蔵が署名・血判する。

さらに、半平太は土佐での同志を募るため、血気にはやる久坂玄瑞といったん離れて帰国した。目標は「一藩勤王」。藩をあげて尊王とすることで、そのためには

井伊直弼の墓■桜田門外の変で討たれた直弼は、井伊家の菩提寺豪徳寺に葬られた　東京都世田谷区・豪徳寺

*土佐勤王党■尊王攘夷を掲げ、文久元年（一八六一）に武市半平太を中心として結成された結社。土佐藩上士の参加は少なく、多くは郷士ら下士層であった。

まず党員を増やさねばならない。九月四日に江戸をたった半平太は、高知に着くやすぐに同志を集めだし、最終的には二〇〇名ほどにのぼるのである。

■吉田東洋政権との対決■

半平太は、奇策を使わず、常に正面から挑む人だった。また、何事につけ、至誠をつらぬこうとする人だった。これは、一藩勤王に向けても同じだった。

薩長両藩の同志と、各藩主を戴いて京へ上り尊王攘夷の実現をめざす、とした約束。土佐で賛成する人々はどんどん増え、無視できなくなった藩庁は、ついに半平太を呼ぶ。何度か向きあう相手は、藩の政治を動かす重役の大目付であった。通常なら手の届かぬような立場にいるが、半平太はおくさない。堂々と発言した内容を、大目付だった福岡藤次が書き残している（「壬戌変事」）。

将軍家、王威を蔑如し、却而夷人を親睦、且姦計ヲ以て、和宮様を奉迎等之儀之有るより、薩長二藩力を戮セ、義を挙ケ、和宮様御下向の期ニ先達て事を発し候色相顕れ、別而長藩ニてハ誰某々々等必死之挙動

和宮は孝明天皇の妹で、一〇月には将軍徳川家茂のもとへ嫁ぐから、その直前とわかる。

一方、半平太の伝記は、大目付・市原八郎右衛門に対し、薩長二藩の上京、藩政

高知城跡■重要文化財　高知市

福岡藤次（孝弟）■国立国会図書館「近代日本人の肖像」より

吉田東洋■高知県立高知城歴史博物館蔵

改革、人材登用、そして天下への対応を説いたと伝える。ところが、大目付はうなずきはするが何も言わず、ついに容堂の信頼が厚い実力者・仕置役吉田東洋に会った。主題はむろん、藩主を押し立てての上京だ。ところが東洋は、島津・毛利と異なる山内家の成り立ちを語り、薩長両藩主入京の説についても、やや疑いをもっている。

東洋は話を九州探索の勧めにすりかえ、対する半平太はなおも薩長との同心協力、他藩に先立っての尊王実現をせまる。しかし、東洋は応じない。半平太はその後も江戸でのむだな出費などを言うが、やはり東洋はとりあわない。半平太の苦悩は深まっていった。

久坂、決起を求める

悩んでいたのは、長州藩の久坂玄瑞も同じだった。同藩はその頃、*長井雅楽とい

久坂玄瑞の誕生地■同地に生まれ、高杉晋作らとともに学んだ玄瑞は、元治元年（一八六四）の禁門の変で敗れて自害した。誕生地の石碑の右手には、三条実美が玄瑞を追悼して詠んだ歌碑がある　山口県萩市

文久２年正月21日の半平太宛久坂玄瑞書状■高知県立高知城歴史博物館蔵

う人が朝廷と幕府の手を結ばせるべきだと説き、藩主に信頼されていた。

苦悩する半平太は同年一二月、二人の同志を玄瑞のもとへ送る。厳しい風雪をついて萩(はぎ)に到着した二人に、玄瑞は次の密書を渡していた（高知県立歴史民俗資料館蔵）。

僕等一両輩友人共申様ハ、諸侯頼むに足らす、俗吏依るに足らす、之を頼、之に依候様にてハ、迚も天下に裨益する事ハ相叶ましく申候

手紙を見た半平太は、どんな風に思っただろう。おそらく、土佐藩と長州藩が似た藩情下にあるとしても、自分と玄瑞とではやや違いがあると思ったのではないか。玄瑞は半平太が江戸を出るときにも、決起を求めて引き止めようとした。同じ尊王攘夷の実現を目標としても、一藩勤王によろうとする半平太と、有志による先行に走りがちな玄瑞では、方法・手段に違いがあったのだ。

玄瑞は翌年正月一四日、半平太の手紙を持ってき

＊長井雅楽■薩摩藩士長井次郎右衛門泰憲の子で、名は時庸。藩主毛利敬親の小姓から頭角を現わし、敬親の子定広の後見人となった。開国論者であったため、吉田松陰をはじめとする尊王攘夷派とは政策をめぐって対立した。後に藩論が攘夷派に傾くと、敬親から切腹を命じられた。

久坂玄瑞の墓■山口県萩市。このほか、京都の霊山墓地にも玄瑞の招魂墓がある

坂本龍馬■国立国会図書館「近代日本人の肖像」より

た龍馬にも会っている。その返書で、いっそう過激なことを書いた。諸大名らをあてにできぬとする点は同じだが、そのあと続けて、草莽（在野）の志士が立ちあがる以外に方法はないという。そして「尊藩も弊藩も、滅亡しても大義なれは苦しからす」（高知県立高知城歴史博物館蔵）と述べた。つまり、藩がなくなってもよいという。

三月には玄瑞に誘われた吉村虎太郎がまず脱藩し、龍馬も後を追うように土佐を見限る。あくまで一藩勤王をめざす半平太に、どのような方策があるか。手の内は急速にせばまり、ひそかな会合が連日くり返されるようになった。

東洋を倒す

前年の文久元年（一八六一）、東洋の政治をめぐる高知城下の不穏な空気の中で、高野山の僧が彼の家を訪ねており、家来とのやりとりが記録されている。

（右）京都における吉村虎太郎の寓居跡
（左）同じく坂本龍馬の寓居跡■ともに京都市中京区

今日に当て元吉身前ニ危き災難之有るべし、出勤相扣へ然るべし、と申ニ付、家来を以相当之礼相述、猶承り候に、昨夜梵中大師の御告、斯くの如きニて之有りと申（「壬戌変事」）

半平太は、藩主山内家の分家の人々へ手を尽くし、最後まで平和的な手段で東洋を退かせようとした。事実、分家の人々は右から左まで彼を嫌っていた。しかし、容堂の信頼が厚い東洋は退かない。

残された手段は、もはや切り倒すしかなかった。同二年四月八日の朝、襲うメンバーが那須信吾・大石団蔵・安岡嘉助の三人と決まる。皆、郷士だ。

このころ、城では藩主山内豊範*に対する「日本外史」の御前講がおこなわれており、八日は江戸へ出発前の最終講とあって、奉行職以下の高級役人が皆、列席していた。

山内豊範画像■高知県立高知城歴史博物館蔵

終わって会場へ酒が出る。ほろ酔いとなった一同が城を出たのは、午後一〇時過ぎ。東洋は追手筋の中途から帯屋町通りへ向かうとき、最後の連れとも別れていた。従うのは家来ふたりのみであった。

雨がしとしとと降る中、覆

＊山内豊範■土佐藩主山内豊資の子で、兄豊熙・豊惇が相次いで死去し、跡を嗣いだ分家の豊信（容堂）も安政の大獄に連座して隠居したため、安政六年（一八五九）に藩主に就任した。明治政府ができると版籍奉還をおこなったため、最後の土佐藩主となった。

明治初期の追手筋■高知城の西側を東西に走る通りである　高知市

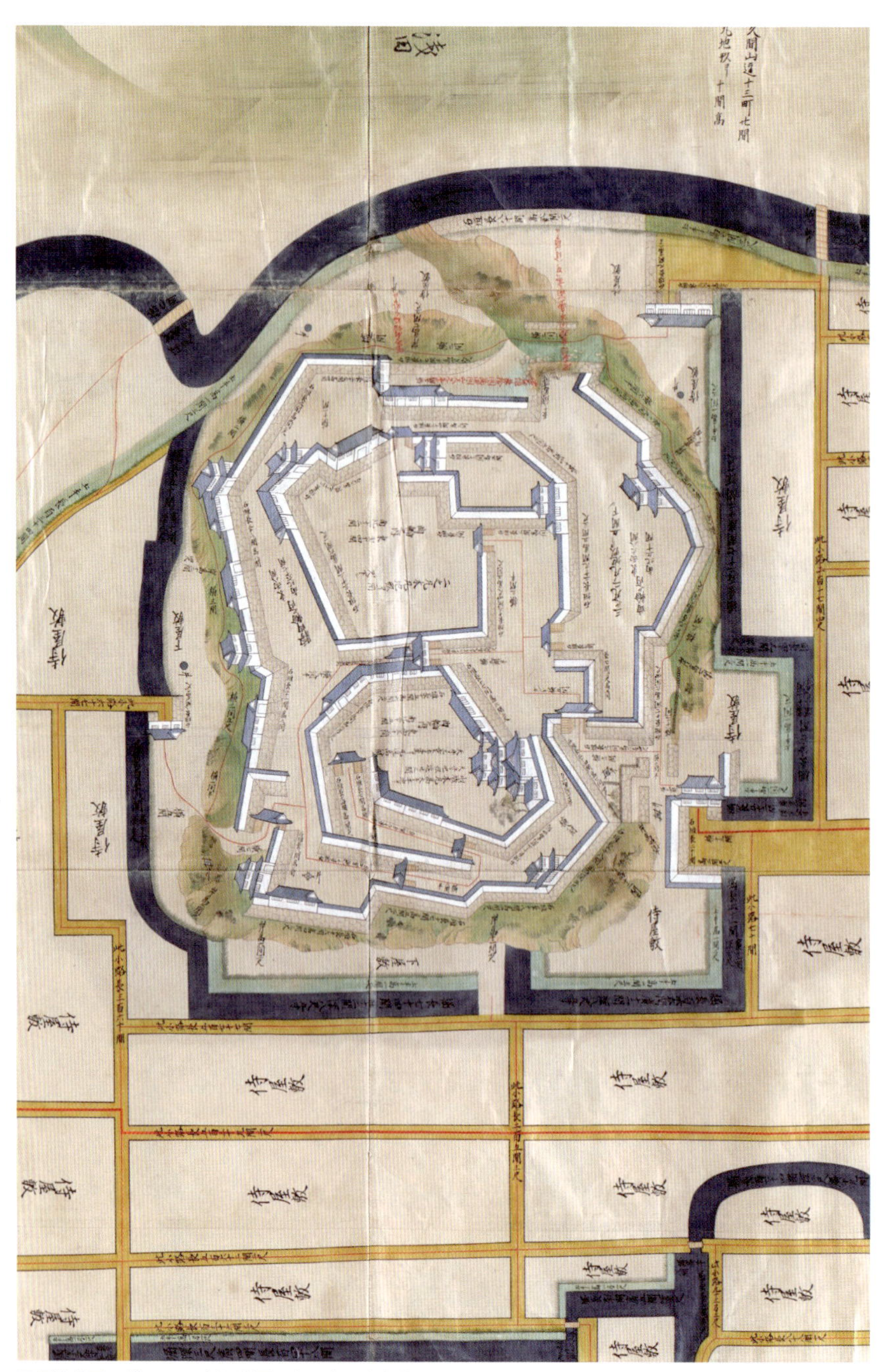

正保城絵図に描かれた高知城■国立国会図書館蔵

面をした那須信吾が、背後から白刃をふりかざして切りこんだ。ところが、傘がじゃまして倒せない。浅手の東洋、「不届者！」と刀を抜き合わせる。そこへ、家来を追い払った団蔵と嘉助が加勢し、なんなく倒すことができた。悲しいかな、東洋の家来は腰を抜かして溝に落ちこみ、あるじを助けることもせず、そのまま逃げ去ったのだ。

行動には、三人以外にも役割を与えられた同志がいた。すべてを合わせれば二〇人近くいたらしい。半平太の進言に耳を傾けなかった、ときの大目付福岡藤次*は、少しのちに「江戸ニて井伊侯を路頭ニ撃候事跡ニ倣」（「壬戌変事」）っていた、と記している。

「権道（けんどう）」という言葉がある。「径に反して善をす、是、権道と謂う」。「孟子」に出てくる言葉で、正義の目的のために一時の便法を使う意味だ。

東洋を倒したときの直接の指揮者は、党の参謀のような島村寿之助だった。半平太がそこにいたとも、とする後の記録があるが、これははっきりしない。しかし、全体の総指揮が半平太であることは確かだった。

翌朝、罪人をさらす雁切川原（がんきりかわら）（今の高知市鏡川の紅葉橋付近）に、罰文（ばつぶん）を書いた板と東洋の死体の一部が晒された。

下賤之者ヨリハ金銀厳敷取上、（中略）御名ヲタバカリ、結構成銀之銚子ヲ相調、且、自己之作事、平常之衣食住、弥花美ヲ極メ――――（『武市瑞山関係文書』）

＊福岡藤次■土佐藩士福岡左近兵衛（孝順）の子で、後藤象二郎や板垣退助とともに吉田東洋に師事し、土佐勤王党と対立した。東洋が暗殺されると失脚したが、山内豊範の側近として復活し、前藩主山内容堂の下で殖産興業政策を推進した。明治政府ができると重鎮として活躍し、五箇条の御誓文を起草したことでも知られる。

高知市の鏡川にかかる紅葉橋付近の「雁切川原」■円行寺、九反田とともに、高知城下の三刑場に数えられる。橋から二十mほど下流の場所が刑場とされ、岡田以蔵や清岡道之助も同地で梟首されている

こんなことを書いた内容は、当時の人々が実際に訴えていたことばかりだった。かたわら、土佐勤王党の犯行と思わせる、思想的な主張は一切書かれていなかった。

城下は上へ下への大騒ぎとなり、そのうえ勤王党の期待した新しい体制が発表されない。同志間で脱藩、一戦などと激しい声が出るなか、半平太は必死に平和的な方策によった。尊王の志が厚い、容堂の実弟・山内民部を頼り、現藩主の実父として力を持つ、元藩主山内豊資に期待した。

一一月、夕景の中で人事が発表される。東洋体制は完全に崩され、保守に尊王を加えた内閣となった。

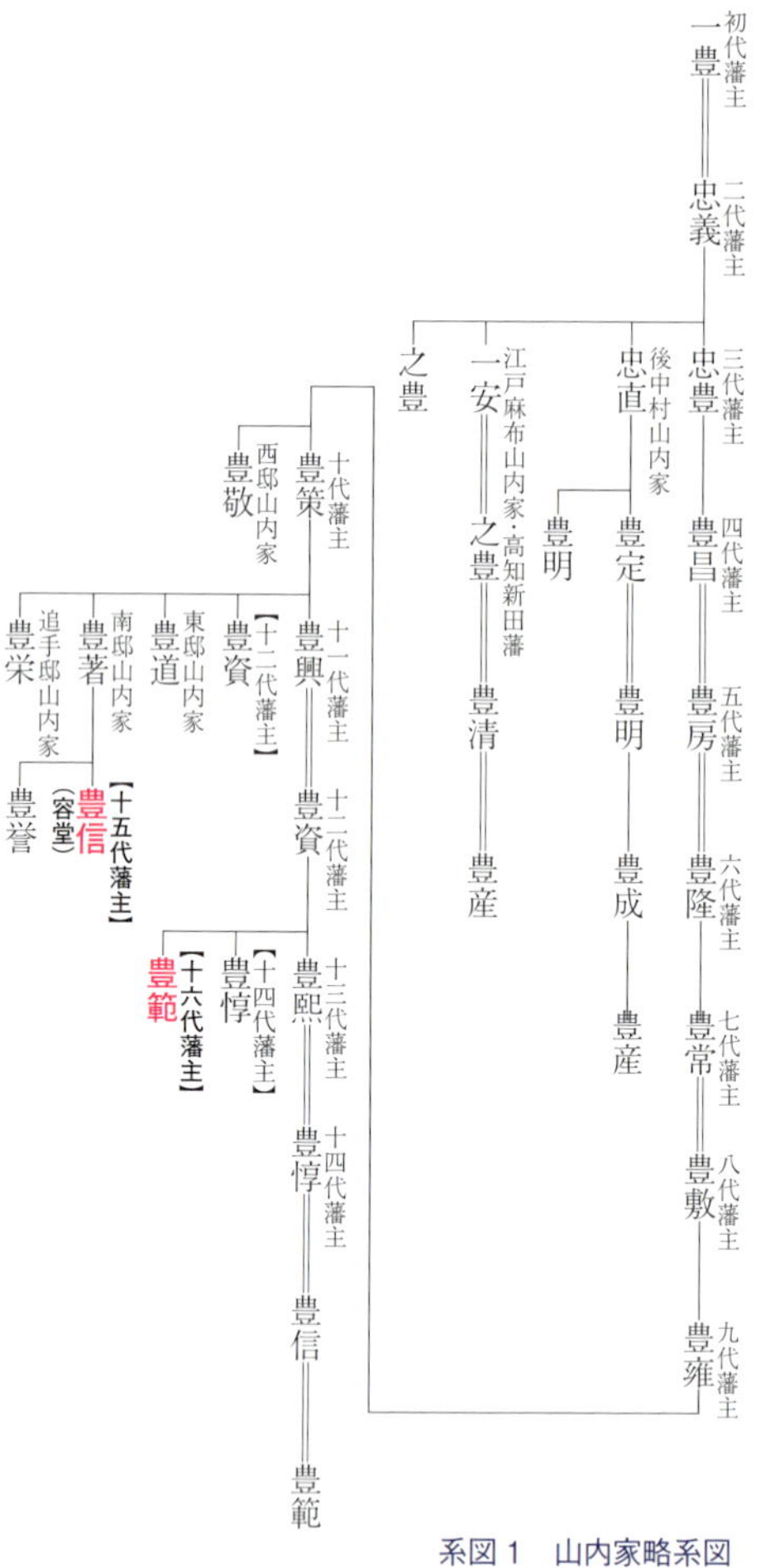

系図1　山内家略系図

吉田東洋の墓■土佐勤王党の那須信吾・大石団蔵・安岡嘉助によって殺害された東洋は、吉田家の墓所に葬られた　高知市・筆山公園墓地

第二部　天誅からの投獄生活

尊王攘夷のため、手段を選ばず天誅に手を染め始めた半平太であったが、山内容堂との対決を経て、投獄されてしまう。長い長い獄中生活の末、半平太の運命やいかに⁉

半平太筆・獄中自画像■高知県立歴史民俗資料館蔵

第一章　天誅、そして攘夷へ

入京工作

薩摩藩は四月一六日、島津久光(ひさみつ)が一〇〇〇人を超える兵を率いて入京した。久光は藩主忠義の実父で、「国父(こくふ)」と仰がれた人である。二八日には、長州藩主毛利敬親の養嗣子・毛利定広(さだひろ)も入京した。この後、幕府を軽視し、堂々と京都の防衛につくすことになる。

前年、半平太が中心となって進めた三藩志士の誓いは、三藩ともに藩主を押したてて京に入ることだった。ところが土佐藩は、東洋こそ倒したが、重役のほとんどが保守的な考えであり、最も力をもつ容堂はおらず、方針が決まらぬまま、藩主豊範の参勤交代(さんきんこうたい)出発が延期となった。

半平太は手を打った。京へ同志を送りこみ、公家をとおして、孝明天皇の意向を土佐藩へ伝えさせることに成功した。意向とは、無論、藩主が京へ入って皇居の防衛につくすことである。それでも、江戸の容堂の考えを聞かねばならぬとする重役は、すんなりと受けない。梅雨でぐずつく空を見上げながら、半平太はため息をつ

島津久光像■尚古集成館蔵

毛利定広■国立国会図書館「近代日本人の肖像」より

いたであろう。ぐずぐずと月日を費やし、六月二八日にやっと行列が出発したものの、京へ入るかどうかはまだ決まっていなかった。

ところが七月一二日、幸か不幸か、行列が大坂でピタリと止まった。*麻疹（はしか）が大流行し、動くに動けなくなったのである。

従者三十歳以下、病者ならざる無く、君上亦之を憂う、収、幸焉を免る、大臣より隷皁に至るまで、疹を疾む者殆二千人、死者曰うにあたらず（『隈山春秋』原漢文）

藩主だけでなく、剣で鍛えた岡田以蔵、半平太の義理のおい・小笠原保馬ら、二〇〇〇人ほどが寝こむ。死者も多く出た。半平太はこの機会をまた生かした。天皇の意向を、「御内沙汰書（ごないさたしょ）」という文書にして土佐藩へ下させることに成功したのである。江戸の容堂は、天皇の命はまず将軍へという考えだ。しかし、タイムラグのため、御内沙汰書を止める工作が間に合わなかった。

土佐藩の入京がついに決定し、京へ入ったのは八月二五日だった。薩長につづき、国の政治と京都防衛につくすことを求める、孝明天皇より

孝明天皇

*麻疹■文久二年（一八六二）に全国で流行した麻疹は多数の死者を出した。このときには江戸を中心に「はしか絵」と呼ばれる一枚刷りの浮世絵が大量に版行された。

京都の土佐藩邸跡■土佐藩の京都における活動の拠点で、元禄三年（一六九〇）に置かれた。高瀬川に面しても門が開かれ、高瀬川に掛けられた橋は土佐橋という　京都市中京区

の沙汰書が渡された。ついに、半平太の最初の大きな目的がかなえられたのである。

■皇室への建白案■

半平太は入京した翌月の閏八月、土佐藩主の名で皇室へ建白案を出そうとした。しかし、幕府をとびこえて直接に成そうとする手順と、あまりに急進的な内容から採用されなかった。いくつか残る草案のなかから注目できるところを二、三拾えば、こんなことを書いている。

・摂津・山城・大和・近江の四ヵ国を皇室領とし、そこにいる大名は幕府が別に領知を与えて移らせる。皇室領には親王をおき、全国からすぐれた志士を招いて召し抱える。

・皇居のある京のまわりと、そこに近い大坂湾防衛のため、四ヵ国の皇室領化が大切である。

こうして防衛力を高めたうえで、大藩が結集しての攘夷勅使の派遣を求める。じつは、薩長土三藩にはすでに天皇の意向が伝えられていたが、同様に天皇の意向を賜りたいと願う藩がいくらもあった。そこで策を書く。

・肥後・備前・因幡・阿波、また、九州の諸藩を上洛させて「綸旨」を下し、そのうえで勅使を将軍のもとへ送り、天皇の権威を天下に示す。

京都御所■中世の後期から明治二年（一八六九）の明治天皇の東京行幸まで皇居として機能した。里内裏の土御門東洞院殿を基とし、現存する建物は安政二年（一八五五）に再建されたもの　京都市上京区

綸旨は、平安時代に生まれた文書形態で、おなじ天皇の意向を伝えるものであっても、沙汰書とは違う。これは半平太もわからなかったろう。

建白案は何度も書き直されている。半平太の苦心がしのばれ、ひとつには驚くかれ、「此度屹度名分御正遊ばされ、政令一切朝廷より御施行ニ相成」（『武市瑞山関係文書』）という箇所があった。古代の日本は、天皇のもとで政治が進められていた。鎌倉時代からこれを武家に任せてきたが、今や天皇を侮るなど、正しい姿とはいえない。そこで、天皇が政権をとりもどし、天皇の名をもって日本の法律を定めよ、と。

ときに文久二年（一八六二）。半平太は、坂本龍馬の大政奉還策ができた慶応三年（一八六七）よりはるか五年前、堂々と、尊王の大義から王政復古を主張していたのだ。

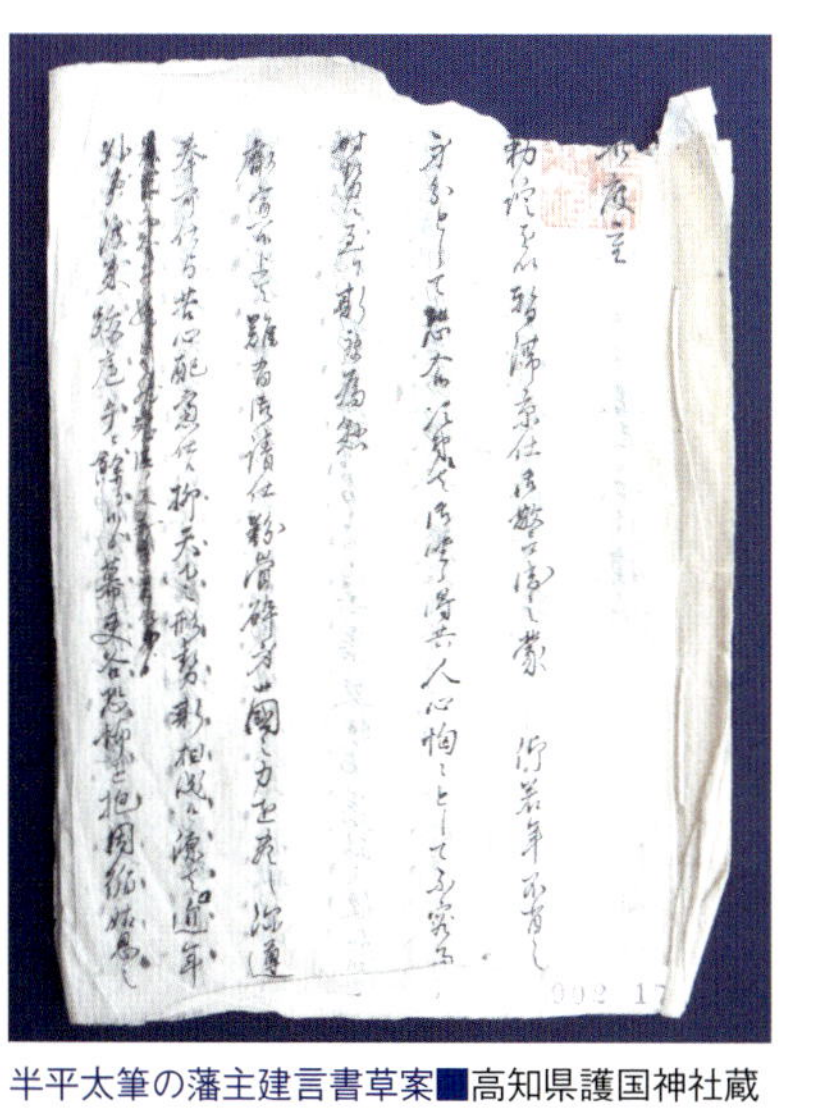

半平太筆の藩主建言書草案■高知県護国神社蔵

天誅の開始

薩摩・長州・土佐の三藩が京へ集まった。半平太ら尊王攘夷派の企ては成功し、気勢のあがる志士の言動が日をおって激しさを増す。尊王のためなら手段を選ばぬ、

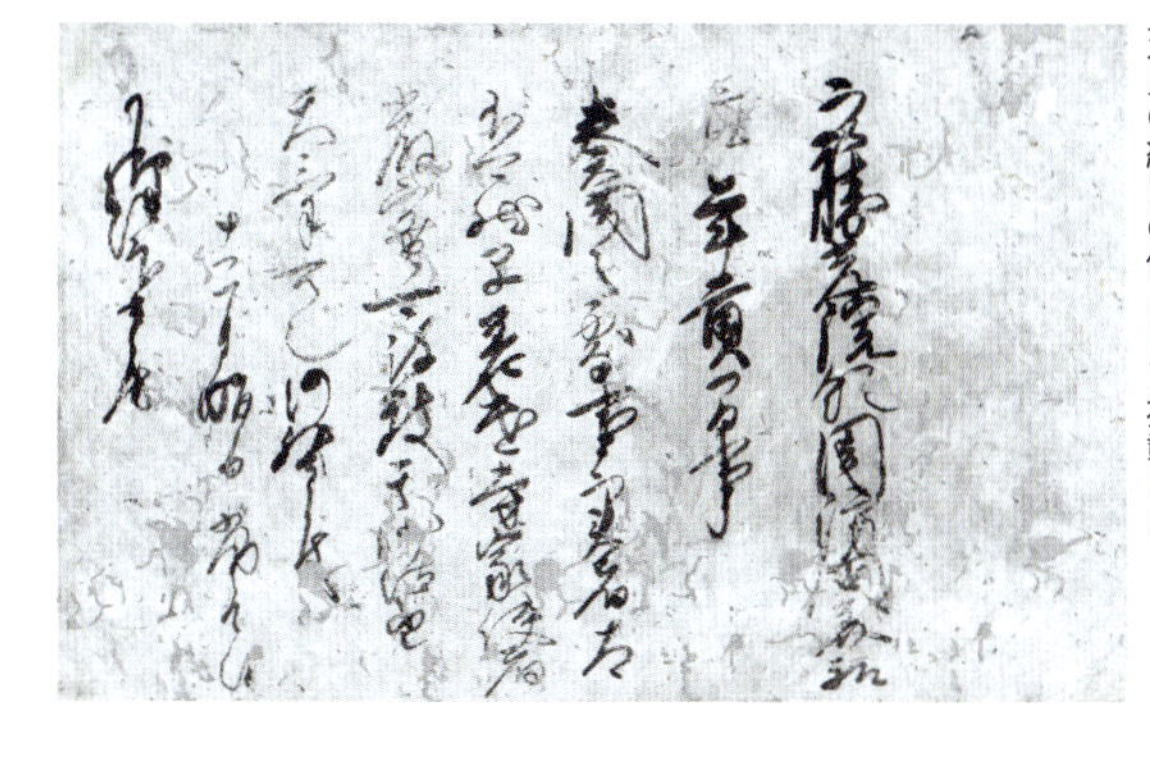

後醍醐天皇綸旨■「東寺百合文書」京都府立歴史学・歴彩館蔵　鎌倉末期から南北朝初期のものではあるが、ここでは天皇の綸旨の例として掲載した

という空気が志士間に満ちてくる。「天誅(てんちゅう)」、天に代わって人を罰する行動が始まるのだ。

土佐藩主が入京する前、大坂で同藩の警察方が一人殺されている。しかし、死体は川へ流され、犯行の声明もなく、つごうが悪い人間の闇討ちにすぎなかった。一一月に殺される警察方も、やはり川へ流され、声明文は出ていないようだ。半平太のかかわりが薄い点でも共通する。

天誅といってよいのは、七月の島田左近(さこん)に始まる。死体の一部が見せしめとして川原へ晒され、志士たちが幕府寄りとにらむ、あるじの前関白※1九条尚忠(くじょうひさただ)への脅しとされた。ただ、半平太はこのとき大坂にいて無関係であった。

彼が直接指揮したのは、＊2本間精一郎(ほんませいいちろう)の殺害だった。半平太らの見るところ、本間は話が全体にいつも大きすぎて、惑わされることが多い。そこで「殺してしまえ」ということになり、ほとんど土佐勤王党のみで切り殺した。死体の一部を青竹に通して川原へ晒し、そのうえで木札に「薩長土之三藩ヲ様々讒訴に及び、有志之間を離し、姦謀相巧、或は非理の貨財を貪り」(「寒胆帳」)と罪状を書いた。左近のような「天」「誅」の文字こそ見えぬが、同じ目的とみてよい。

「天誅」とはっきり書かれたのが、二日後に晒された、左近と同じ九条の家来だった宇郷玄蕃頭(うごうげんばのかみ)である。肥後藩の志士ら五、六人に討たれたようで、半平太は何日も前に相談を受けている。半平太は左近殺しも結果的に良しとしており、この玄蕃頭

三条小橋から本間精一郎が殺害された付近を眺める■京都市中京区

＊1九条尚忠■父は二条治孝。兄九条輔嗣の養子となり、九条家を嗣いだ。幕府との協調路線を取ったことで知られ、日米修好通商条約締結の勅許を幕府が求めてくると勅許を要請したが、多くの公卿たちの反対にあい、失敗し失脚した。

殺しの指揮はとっていないとしても、全体に、はやり始めた天誅の相談役になっていたのは確かだ。

天誅はつづく。宇郷玄蕃頭が殺されて七日後の九月一日の朝、島田左近の手足だった目明し文吉の死体が裸のままで晒された。本間精一郎と似た文の板がはられ、しかも、時勢一新の妨げになるから、「誅戮」（死刑）すると書き加えられていた。

文吉の悪事は板に書かれた以外にもあり、御所の女性を乱暴したとの志士の記録がある。これまた土佐勤王党を主とする諸藩志士の合同で、刀が汚れるとして刀を使わずに絞め殺した。半平太がかかわっていたのは、まず間違いないだろう。

半平太の日記をみていると、重要人物や同志にならび、「大姦」としるしを付けられた名が出る。既出の長野主膳・島田左近・宇郷玄蕃頭・文吉らもそうだ。そしてその中に、驚いたことに前関白九条尚忠から千種、久我、岩倉、冨小路の、五人の公家まで書かれている。九条・久我を大奸、千種・岩倉・冨小路を三奸と記録し、さらに

京都における半平太の寓居跡■京都市中京区

＊2本間精一郎■越後国出身の勤王の志士。屋拍から江戸に上って清河八郎らと交流を結んだ後、上洛して土佐藩士等に倒幕を説いたが、次第に疎まれ岡田以蔵等によって斬殺された。明治維新後、従五位の位が贈られている。

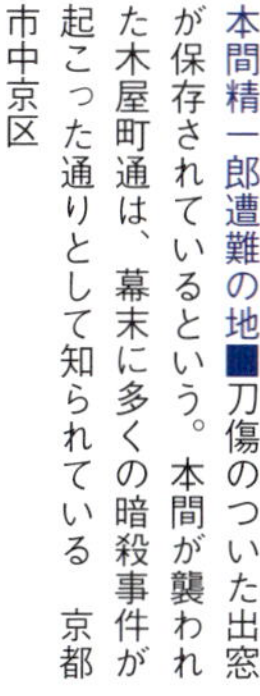

本間精一郎遭難の地■刀傷のついた出窓が保存されているという。本間が襲われた木屋町通は、幕末に多くの暗殺事件が起こった通りとして知られている　京都市中京区

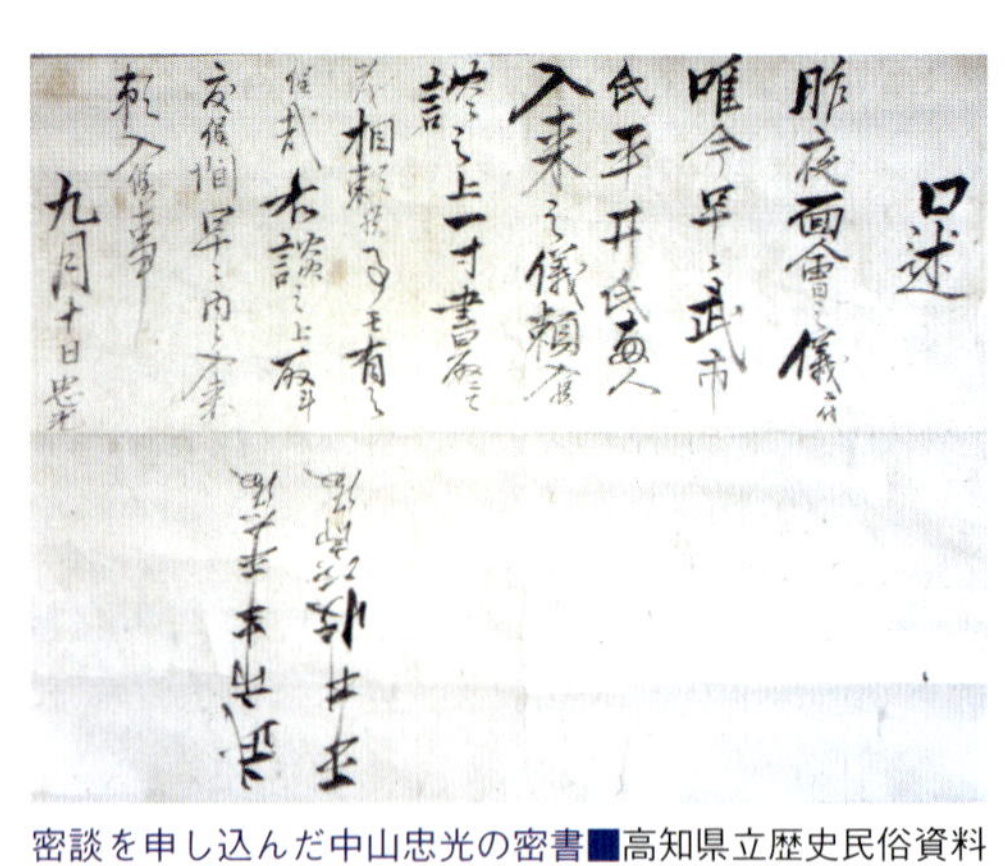
口述

九月十日

密談を申し込んだ中山忠光の密書■高知県立歴史民俗資料館蔵

二人の女官、今城重子と堀川紀子の名をつけたす。あわせて五奸二嬪と憎まれたこの人たちは、あの和宮を徳川家茂に嫁がせた、公武合体派を代表する朝臣だった。

このころ、大納言である中山家に忠光*という血気の青年がいた。侍従の肩書をもつが過激で、尊攘派の敵となる公家を、問答無用のもとに殺そうと考えていたらしい。さすがの半平太もこれには乗れず、三条実美に相談した。つまりは息子の企てを知った中山忠能が説き、まず朝廷に彼らの排除を願い、できなかったら武力行使ということになる。

久坂玄瑞・田中新兵衛のような硬派の人たちまで息をのむ中、忠光のゆすりは成功する。関白近衛忠煕は土長薩三藩による天誅までにおわされ、動揺した朝議が五奸らの京都追放を決めた。岩倉具視の洛北岩倉村というように、それぞれが淋しい山里に忍ばねばならなくなった。

芝居の大立ち回り以上の活劇となったのが、近江国石部宿（滋賀県湖南市）でくり広げられた、幕府役人の斬殺だった。半平太ら全国の尊王攘夷派志士が最も憎ん

岩倉具視■国立国会図書館「近代日本人の肖像」より

安藤広重筆石部宿の版画〈大正本〉■佐川町立青山文庫蔵

だのは、井伊大老の懐刀である長野主膳だった。その主膳が八月、罰せられて死に、目標が手先となっていた役人に移った。

一〇〇人近い京都町奉行所の与力・同心のうち、一番に敵視する与力渡辺金三郎ら四人が江戸へ向かうとわかった。半平太の宿所で久坂玄瑞らとの協議が何度かなされ、一行の出発に前後して三〇人ほどがついて行く。そして、石部で四人が分宿するや、日没とともに討ち入り、倒した。白鉢巻をし、勝ちどきまであげた。仇討そのものといってよい。罪文はこれこそ、「天誅を加うる」(「寒胆帖」)としていた。

たちまち京都市中までうわさが広がった石部宿事件は、ほかと違って半平太が直接指令した。志士たちが堂々と正面から切りこんだ点でも、それまでとやや違う。天誅でも、闇におこなうような以前の事件と違っていた。

しかし、いくら天誅といっても、人殺しに違いはない。関白近衛忠熙は心を痛め、文吉殺しのあと半平太に対し、好ましくないから止めるよう命じたという。それでも半平太はすぐには止めなかった。五奸二嬪の追放と、目をつけていた与力・同心の殺害だけは中止できなかったのだろう。

このあと、半平太の指令による天誅はなくなる。しかし、彼らが京で醸しだした闇の世界は、翌年の八・一八政変まで完全に消えることはなかった。半平太がいなくても、土佐勤王党員による似た行動は、以後もいくつかの事件となって続いている。刀槍の時代とはいえ、天誅に罪があったことも事実だ。

＊中山忠光■中山忠能の子で、早くから吉村虎太郎ら尊王攘夷派の志士と交わり、朝廷内の攘夷派の急先鋒となった。文久三年(一八六三)には長州藩に身を寄せ、攘夷派として活躍した。

京都西町奉行所跡■江戸時代、京都の行政・司法・治安維持のために京都所司代の下に京都町奉行所が置かれた。東・西二つの奉行所があり、隔月で任務に当たった。配下として与力・同心が置かれている　京都市中京区

▣ 攘夷勅使を派遣する ▣

天誅の現場に半平太がいたことはない。相談にのったり、指令したりはしても、現場へ直接行ったりはしていない。表の仕事がいっそう忙しく、当時の最もたいせつな用件は、朝廷が頼る老公山内容堂の入京と、攘夷をおこなうための勅使を江戸へ送ることであった。

藩主の豊範は京にいたが、少年の彼に政治を動かす力はない。そこで、尊王の心厚い容堂に京へ来てもらい、政治の中心が京にあることを国内に示したかったのだが、容堂の本心は、皇室と同じく将軍家も大事にすることだった。半平太との間に少しズレができていたが、まだ半平太は気づいていない。

攘夷勅使を送ることは、半平太の建白案に書かれていた。半平太の悲願といえ、その実現にむけ、彼は昼も夜も奔走する。しかし、三条実美や姉小路公知（あねがこうじきんとも）らに会うなかで、前関白九条ほどではないにしても、やや保守的な関白近衛忠熙が渋っていると知る。土長薩三藩でも、薩摩藩には公武合体の方向がチラリとみえたりしていた。

あらためて半平太ら三藩志士で考えをまとめ、彼が、皇室内で実権をもつ青蓮院（しょうれんいん）宮に会って正副勅使の決定を聞いたのが、九月一九日だった。これにより、容堂の入京は延期となった。

三条実美■国立国会図書館「近代日本人の肖像」より

青蓮院■京都市東山区

半平太は、三条実美・姉小路公知を正・副とする勅使の派遣が決まると、すぐに同志の選別にかかっている。一〇月に入る頃には一〇人近く決まるが、九月二八日の冨への手紙では、夫妻に近い人が知らされる。

ひとりは冨のいとこの島村衛吉が書かれ、ついで半平太の義理のおい小笠原保馬が、三人目に岡田以蔵が書かれている。勅使を護る同志は皆、土佐勤王党員であった。三人以外も久松喜代馬・阿部多司馬（あべたじま）・多田哲馬（ただてつま）・森助太郎（もりすけたろう）などという手だれの人たちばかりで、およそ二〇人おり、かたちの上では三条家と姉小路家の家来となった。

半平太も日頃とは変わり、副使を務める姉小路家の雑掌（ざっしょう）という身分の高い役職となる。柳川左門（さもん）の姓名をもらい、巨大な棒でかつぐ「乗物」に乗った。大名など、多くの人を従える人が乗る、あの高級駕籠である。そして、公家の重臣となった半平太にも家来が六人付いた。

こうして人数をそろえた勅使護衛の武士たちは、無論、半平太の目にかなっている。ただでさえ腕に自信のある血気盛んな青年たちが、将軍に攘夷を迫る勅使の護衛という、派手な役割を任された。正・副勅使の家来のかたちをとる土佐勤王党員は、衣の下を鎖帷子（くさりかたびら）でかためる勇ましいかっこうだった。三尺朱鞘をさして肩で風切る姿は、「土佐の長柄組（ながつかぐみ）」とよばれ、あたりを圧する勢いがある。

箱根（はこね）の関所（せきしょ）に着くと、奉行所の役人たち皆が下りて来て地面にひれ伏す。ところが、一人だけ戸の陰に隠れて下りてこない。副使姉小路公知の輿を護る弘瀬健太（ひろせけんた）ら

護衛内定者に出された指示書■4番目に岡田以蔵がある　佐川町立青山文庫蔵

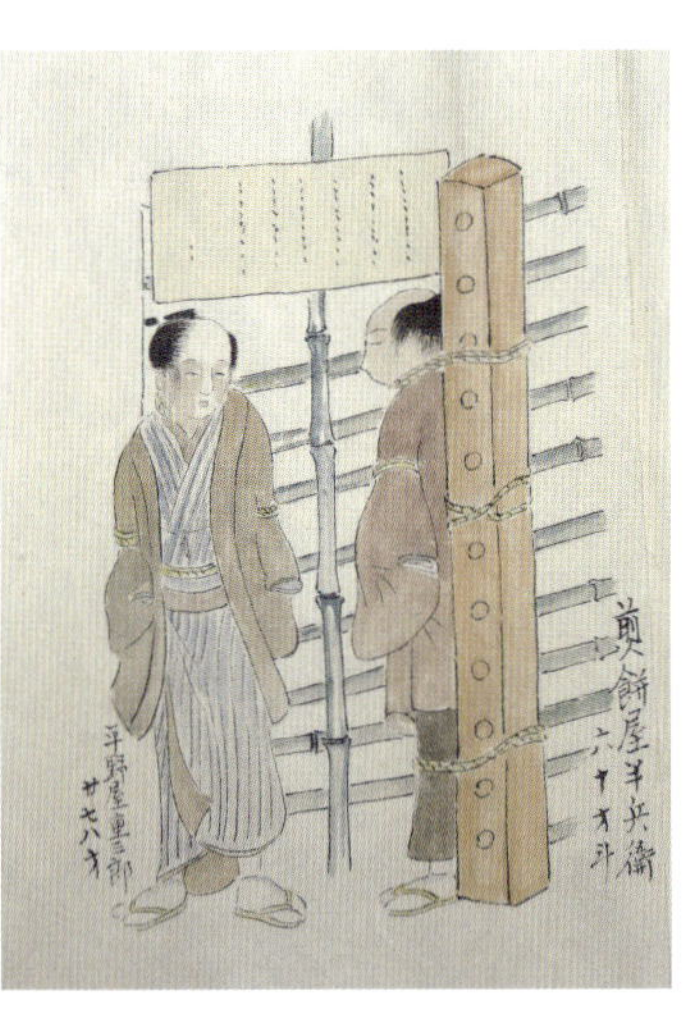

土・長の志士に晒された二人の口入れ屋
■弘瀬健吾氏蔵「寒胆帖」より

屈強の五士のひとり阿部多司馬が怒り、かけ上がって引き据えるや斬殺を願った。色を失った奉行所の役人が我も我もと謝り、勅使がやっと許したという。

行列が東下りの間、これまでの公家通行時の悪習だった賄賂・音物がすっかりなくなった。勅使の護衛士は土佐勤王党員が固め、なにかと必要な費用は、土佐藩がすべて負担している。取り締まりも厳しく、そのため日頃から助郷に苦しむ村々が喜んだ。東海道筋の品川宿から平塚宿まで、八ヵ所の問屋が土佐藩へ連名で感謝状を出している。

じつは勅使が出発する直前、岡田以蔵ら土・長の志士が、ふたりの口入れ屋を生き晒しにしていた。夏の*大原勅使の東下のとき、賄賂を取っていたためだ。今度の勅使東下で悪い習慣が消えたのは、世の中の不正を糺そうとする、土佐勤王党の決意の反映でもあったのだ。

迎える江戸城では、山内容堂が孤軍奮闘していた。薩摩藩がおこなわせた大原勅使のときは、ちょっとした幕府組織の改革でごまかせた。しかし今度は、「攘夷」二文字の決定を迫ってくることは間違いない。

錦絵に描かれた品川宿■初代歌川広重画。品川宿は東海道五十三次の宿場の一つで、東海道の第一宿であった。旅籠のほか遊郭も数多く店をかまえ、栄えていたという　国立国会図書館蔵

*大原勅使■島津久光の上洛にともない、公家の大原重徳が勅使として江戸に下り、一橋慶喜の将軍後見職、松平春嶽の政事総裁職就任などを幕府に認めさせた。

容堂は将軍後見職一橋慶喜(ひとつばしよしのぶ)らの前で、将軍家茂みずからが品川まで出迎えるべきだと強く主張した。そうでもして機嫌を取らねばならぬ勅使の意向、そしてそれを進める半平太ら尊王攘夷派の勢力への危機感を、だれよりも強く感じていたのだ。

■攘夷の勅書■

勅使が江戸に着いたのは一〇月二八日である。今の一二月中旬にあたり、すっかり冷えこんでいた。もめていた将軍家茂が迎えに出るかどうかは、本人が麻疹にかかって行けなくなった。代わりに老中らが出てうやむやに終わるが、ことほど勅使への対応、つまり攘夷問題への対応で幕府は悩んでいた。

いったい、勅使がつたえる天皇の命令、すなわち勅書はどんなことを書いていたのだろう。後半が要約している。

早く攘夷を決し、大小名に布告せよ。其の策略の如きは武臣の職掌なれば、速やかに衆議を尽くし、良策を定め、醜夷を拒絶すべし。是、朕意也(『保古飛呂比』原漢文)

日本を攘夷論に統一し、大・小名に布告する。そして、どのように海外の要求を拒絶するか、その方策を求めていた。これはいうまでもなく、半平太ら尊王攘夷派が最も強く求めるところだ。

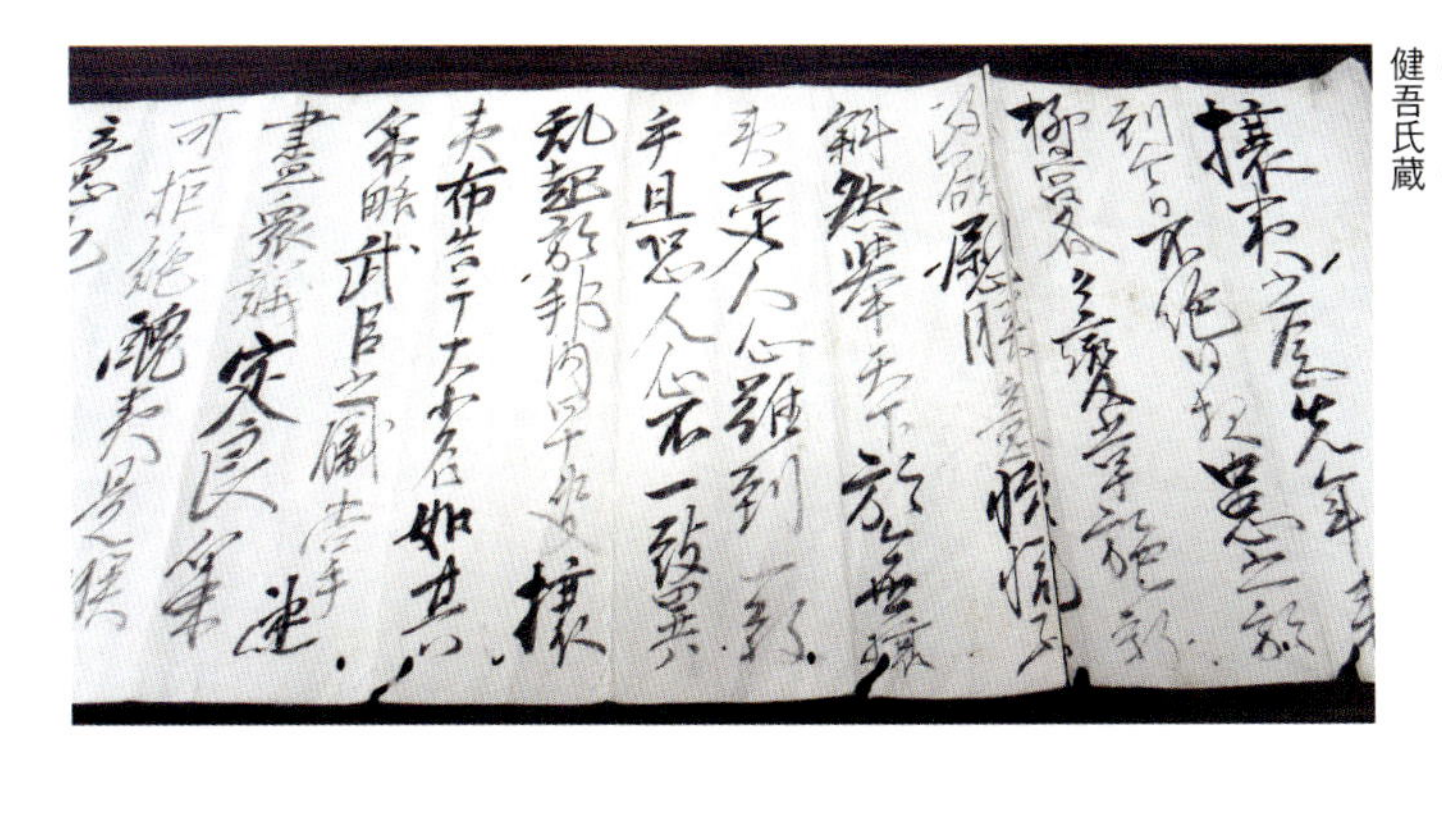

攘夷を命ずる孝明天皇勅書の写し■弘瀬健吾氏蔵

それだけではなかった。勅書は天皇の命を直接に文章化したものだが、このとき、天皇の意向をつたえる沙汰書というものも二通出ていた。一通は勅書と同じような文を書きながら、最後を「拒絶の期限をも議せられ、奏聞候様」としていた。「奏聞」とは天子に申し上げることで、攘夷の期日は決めても天皇の許しが必要である、としたのである。もうひとつの沙汰書には親兵（しんぺい）設置の要求があり、これまた半平太が藩主建言書草案でも述べていた。

天皇が将軍よりも上にあり、皇室を大切にしなければならない。これは、容堂も半平太も同じだった。違っていたのは、濃度と攘夷への対応である。将軍家も大切と考える容堂に対し、半平太は直接の主君でないとあってほとんど念頭にない。攘夷も、現実の政治に責任を負う容堂と、そこまでは及ばぬ半平太との違いがあった。

■イギリス公使襲撃の中止事件■

将軍家茂の麻疹は、なかなか治らなかった。というより、幕府は麻疹を利用して勅使との対面を延ばしていた。姉小路家の重役となっている形の半平太にも山海の珍味が出され、菓子も山のように積まれる。普通なら退

江戸一目図屏風■津山郷土博物館蔵

屈なところ、とんでもない事件が起こった。

前へ進まないことにいらだつ久坂玄瑞・高杉晋作（たかすぎしんさく）らが、迷いから目を覚ますために一撃を加えようとする。横浜でイギリス公使を襲おうというのだ。

玄瑞から聞いたらしい半平太は勅使に伝えたようで、勅使は急いで長州藩主の子・毛利定広に知らせたことがわかる。おなじく知った容堂も定広に伝え、驚いた定広は寒い夜、馬を飛ばして玄瑞らを屋敷につれもどした。半平太と谷守部（たにもりべ）は一五人の下士（かし）をひきいて現場へ向かうが、玄瑞らはもう帰っていた。

その屋敷には、心配する容堂が送った四人の土佐藩上士が来ていた。とりあえずこれで一件落着、と皆が思っているところ、酔った長州藩士周布政之助（すふまさのすけ）*が、ふらつきながら次々と放言した。


高杉晋作■国立国会図書館「近代日本人の肖像」より

容堂公は我々疑い奉る処余り有り、御才識過候（『武市瑞山関係文書』）

近比之御周旋之有様佐幕之御模様、決而朝命行われ間敷（『寺村左膳日記』）

ごまかしても、土佐藩士には主をけなされたとすぐわかる。いき

＊周布政之助■名は兼翼。長州藩の藩政改革に尽力し、桂小五郎や高杉晋作を登用するなどしたが、藩財政の悪化により失脚した。のちに攘夷を唱え、高杉等と行動をともにしたが、志半ばで切腹した。酒癖が悪かったとも伝えられる。

晋作が政之助に切りかかるふりをしている場面■向こうに土佐藩上士がいる　弘瀬健吾氏蔵「周布政之助暴言事件絵巻」より

りたつ彼らを前に、機転を利かした晋作が政之助を逃がしてしまった。

　事件は容堂のメンツをめぐって揺れ、四士とは別にそこにいた、土佐勤王党員間崎哲馬らを切腹させるか否かの問題にもなる。これは、半平太が容堂に伺って中止となるが、はっきりしているのは、玄瑞らの猪突猛進のような考えに対し、半平太が手順通りにことを進めようとしていることである。攘夷はまだ決定していなかった。

　玄瑞らはつまり、勅使が江戸を離れてから公使館を襲うことにしたのである。

天皇の臣とする将軍の回答

　勅使が江戸城へ入ったのは、江戸に着いて一ヵ月後の一一月二七日だった。これに先立ち、幕府の政事総裁職*松平春嶽がひとりの隠居として、これまた私人に帰った二勅使に会っている。そこで二勅使は、攘夷と決定しても、すぐに異国人を拒絶することにはならないだろうと答えた。

　かたわら半平太は、儀礼面で不明瞭となっていた、天皇と将軍との君臣関係について工作していた。将軍が天皇の臣であることを、天下に明らかにしたいと考えていたのである。こうして調整がなり、同日は将軍家茂みずから玄関に出迎え、大広間上段に座った二勅使に対し、家茂は勅使の会釈があるまで中段に座った。つづい

松平慶永（春嶽）が記した「時勢急務策」の草稿■外交問題や将軍継嗣問題などについて事態の打開を図るために作成した意見書。清書されたものは水戸藩の徳川斉昭の許に届けられた　福井市立郷土歴史博物館蔵

＊政事総裁職■大原勅使の下向にともなって幕末に新設された要職で、松平春嶽（慶永）が初めて就任した。元治元年（一八六四）に廃止されている。将軍後見職・京都守護職と並ぶ幕府の要職。

て勅書の伝達があり、これを拝受した家茂は、勅書を下されたことへの礼と返答は改めておこなう旨を答えた。

つまり将軍は、天皇の使いに目下のかたちをとった表現をしたのだ。舞台裏で努力している容堂は、「大君英明、年来之格例ヲ御破り、君臣之義明白ニ成らせらる」(二七日状)と喜んでいる。尊王では、容堂と半平太に違いはほとんどなかった。

勅書への回答書が出たのは一二月五日。「攘夷」への即答が難しいところ、前日、家茂はその報告が明春になってもよいと伝えられていた。そこで五日、入城の勅使に家茂の回答書が渡された。攘夷の策は上京してから答えるとした文は、はっきりと目下から目上への形になっていた。なによりも、最後を「臣家茂(花押)」と署名していた。

将軍が、天皇の一家臣にすぎないことを明示した。国民が忘れかけていた、天子の優位を天下にさらしたのである。現在でも志士の子孫にこの文書の写しが残るのは、いかに大きな成果として彼らの間に駆け巡ったかを教えてくれる。半平太の勝利だった。

■松平春嶽に会う■

半平太は四日、将軍家茂に会っている。家茂は勅使をもてなすその日、勅使の重

将軍徳川家茂回答書の写し■弘瀬健吾氏蔵 家茂は公武合体策の一環として、文久二年(一八六二)に光明天皇の妹和宮と結婚している

松平春嶽■国立国会図書館「近代日本人の肖像」より

臣にも会うことを許していた。半平太らはこのあと別の間でもてなしを受けるが、このことを記す妻冨への手紙は、簡単に事実を告げるにすぎない。将軍は、それだけ半平太にとって軽いものにすぎなかった。しかし、国の政治の実権はこの将軍のもとにあり、その外交権をめぐって今は揺れている。

半平太は、勅使と旅立つ前日の六日朝、松平春嶽に会うために越前藩邸へ行っている。もともと四日の夜に予定していたが、春嶽の都合で五日の朝となり、さらに延びたものだ。春嶽は、五日に城を下りてから、坂本龍馬らにも会っている。大坂湾の海防策など賛成できる提案があったが、半平太とあるじとの対面の場を構えた春嶽の重臣は、むしろ半平太の意見を詳しく記録している。

登城のために中座した春嶽の代わりの重臣へ話した内容（『続再夢紀事』所収）は、要約すれば「公武合体といっても、江戸から帰った勅使は皆、隅田川だと笑われる。これでは何度勅使を出しても同じで、もはや将軍が京へ上って天子様へ誠意をみせるしかござらぬ」というものだった。「隅田川」とはモノ狂いを演ずる能か、ある

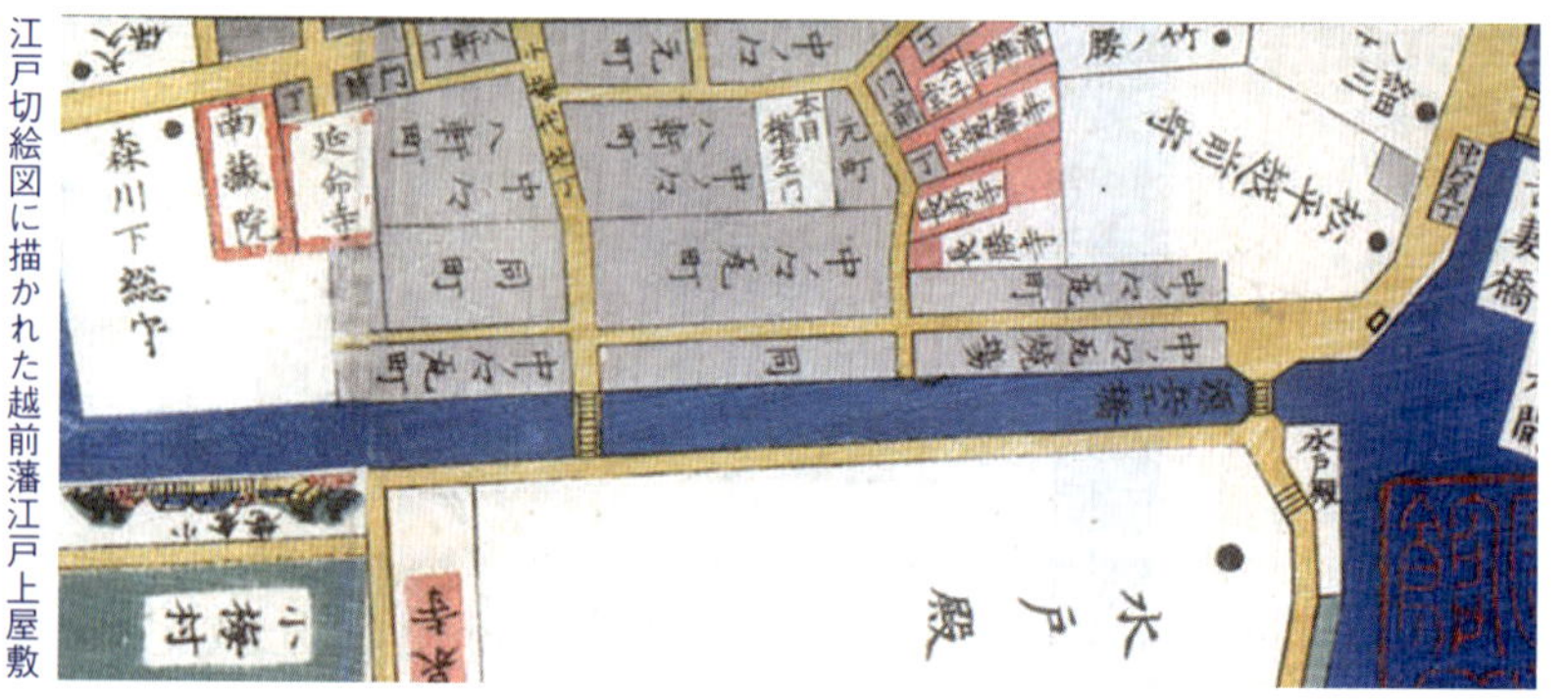

江戸切絵図に描かれた越前藩江戸上屋敷■隅田川に沿って屋敷を構えていた様子がわかる　国立国会図書館蔵

いは隅田川の別名・荒川のことか。勅使が江戸から帰って報告をぼかす様を言っていた。

半平太にとっての公武合体は、君臣の名分を正した公武合体のはずだ。そして、その上で攘夷の決断を求めていた。ずるずると延ばされてしまう攘夷期限に納得がゆかなかったのだろう。容堂に近い春嶽が中座せずに最後までいたら、どう答えただろうか。

■令旨を願う■

勅使が江戸をたつ直前、山内容堂は、土佐勤王党員の間崎哲馬と弘瀬健太に帰国を命じている。「土佐の人心を奮いおこすこと、京の青蓮院宮らに江戸の政情を伝えること」という用件だった。そこでふたりは京に着くや、同志平井収二郎と相談した。たちまち密計ができ、驚いたことに青蓮院宮に会い、「令旨」を出すよう願いでた。

令旨は、天皇なら綸旨となる命令文である。収二郎の日記によると、「時勢逼迫、能く余之意を以て景翁を諭す、容堂をして又後を顧みるの憂い無くすべし」（「隈山春秋」原漢文）という内容だった。「景翁」とは元藩主山内豊資のことで、藩内に隠然たる力をもっていた。

江戸時代の錦絵に描かれた隅田川■名所として知られる隅田川は錦絵の題材として数多く描かれている。本絵には「東都名所八景之内」と描かれている　国立国会図書館蔵

令旨は、普通なら大名の家臣でごく軽い身分にすぎぬ彼らに出されることはない。このときばかりはふたりにとって、これを実現させた収二郎が一段と大きく見えたことだろう。小躍りしたふたりは藩政改革の実現を期待し、令旨をおしいただいて帰国し、容堂の活動、宮の考えなどを重役たちに伝えた。やがて豊資の訓示が出るが、令旨を願いでたのは大きな間違いだった。

土佐藩は大変身分制度が厳しい。とくに上士と下士の差がはっきりし、下士は常に上士の手足となって働かねばならない。与えられた仕事の範囲だけで働かねばならない。まして容堂は、言動ひとつが幕府の政治に影響するほど重要な立場にある。家来は皆、ただ容堂の駒となってのみ動かねばならず、下士が出過ぎたふるまいをするなど、論外だった。

勅使に供した半平太は、哲馬と健太が京をたって四日後の一二月二二日、大津（おおつ）へ着いた。哲馬らが令旨を頂いたときにはいなかったわけだが、その二二日、半平太は収二郎と一夜を共にしている。一別以来の積もる話のなかで、いかに収二郎の密

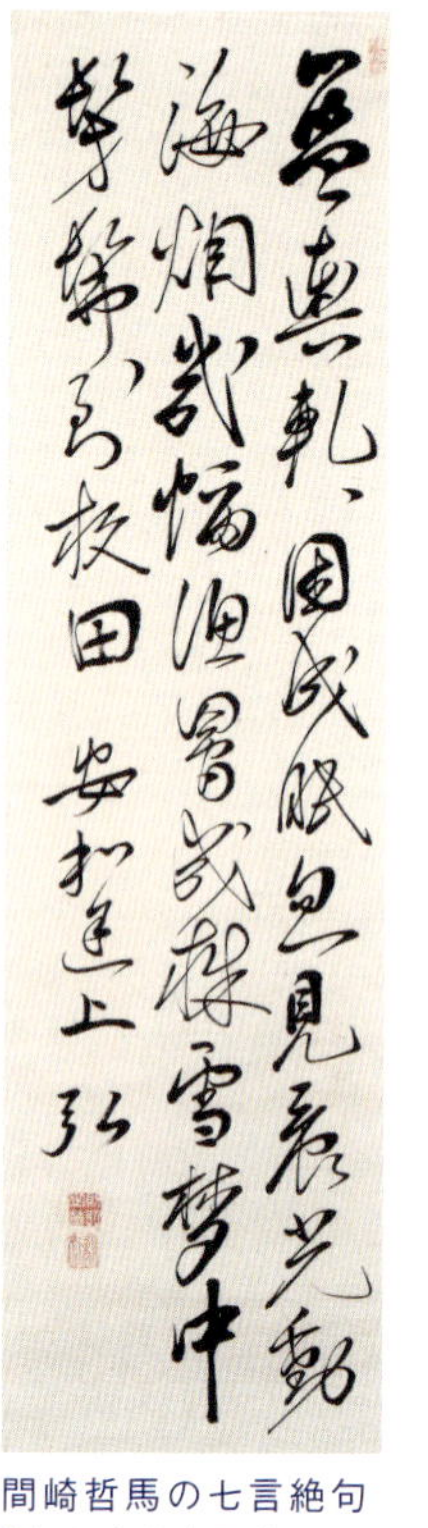
間崎哲馬の七言絶句「安和途上」■佐川町立青山文庫蔵

弘瀬健太邸跡■弘瀬は土佐藩の下士として天保七年（一八三六）に生まれ、土佐勤王党の幹部として活躍した　高知市

計とはいえ、令旨の話が出なかったとは思えない。老公が何の文句も言わぬか。おそらく半平太は、やや不安に感じたのではないかと想像される。

上士・留守居組に昇進

勅使が京へ帰り着いたのは、一二月二三日であった。尊王の理想の道を直進する半平太に対し、容堂には現実の政治と将軍家を守らねばならないわけがある。よって、少し苦々しくはあったが、主君のためにと活動し、大きな功績をあげる半平太に対し、容堂は、彼の身分を引き上げないわけにはいかなかった。二五日、半平太は重役に呼ばれた。

其方儀、御留守居組入仰付けられ候也
御自分儀、当分御当地へ御差留仰付けられ、探索御用仰付けられ候也
（「武市瑞山在京日記」）

郷士にすぎなかった身分は、祖父の代に白札へと上っていた。それがさらに半平太のとき、上士・留守居組へと上ったのである。京都市中では、彼の勢いがこれで止まるとは少しも思われていない。さらに一階、二階以上と「墨龍先生」の昇り龍を想像していた。

だが、半平太は冷静だった。このとき富へ宛てた手紙の、「容堂様へ七度も御目

護国神社への奉納刀■小笠原正節（保馬）の名が見える　高知県護国神社蔵　保馬は半平太の甥にあたり、土佐勤王党の結党に際しては八番目に署名するなど、半平太の有力な同志でもあった

通り仰付けられ、誠に有り難き御意を蒙り、只々落涙」（一二月二七日状）がよく紹介される。「七度」は江戸でのことで、至誠をつくす半平太にうそ偽りはひとつもない。忠義にこたえてくれた容堂に感動したのは事実だろう。それでもこれは、勅使・藩主・小笠原保馬らの無事の京着、また留守居組入りなど、富を喜ばせる手紙の一節にすぎず、オーバーに受け取ってはならない。

半平太の名声が、京でいっそう高まる。そこへ、容堂の入京をうながす勅命が出た。朝廷に重しを加えるためで、やむなく応じた容堂が文久三年（一八六三）正月、京へ着く。波が高まりだした。

■攘夷決定■

攘夷をいつからにするかという問題は、まだ解決していなかった。加えるに、将軍の上洛時期さえはっきりしていなかった。志士らが気をもむなか、立ちあがったのが例の過激な公卿中山忠光である。

以前は五奸らの追放で大立ち回りを演じたが、今度は二月九日、攘夷決定を関白や青蓮院宮らに迫った。ところが、恐れた彼らは仮病などを使ってのらりくらりとかわした。そこで忠光が怒り、岩倉・千種二奸の首を刎ねると言いだした。驚いたのは久坂玄瑞で、いくら何でも過激にすぎるということで、同志のひとりを半平太

一橋慶喜■国立国会図書館「近代日本人の肖像」より

姉小路公知■幕末の公家で、文久二年（一八六二）九月には攘夷督促の勅使として三条実美とともに江戸に下向した。攘夷派の急先鋒となったが、翌年五月の朔平門外の変で刺客に襲われ死亡した

のもとへ走らせた。そこで出た答えが、いかにも半平太らしい策だった。

三士早天関白殿に到り、言路を開き、期限を定め、人材を挙ぐ、三事を建言し、行わざれば則ち餓死す（「隈山春秋」原漢文）

玄瑞と寺島忠三郎・轟木武兵衛の長州・肥後両藩三人が忠光をくどき、それより関白鷹司輔煕邸へ座りこんだ。しかし、なお関白はとりあげる気配がない。ならばと決起したのが、副勅使として東下していた姉小路公知である。あの半平太と気心のあう青年公卿が立ちあがり、攘夷論に与する仲間を一二人も集めた。大納言正親町実徳以下、皆、りっぱな公家で、その彼らが三士を支持して関白に詰め寄った。観念した関白が彼らと天皇の前へ出、ついに天皇が、「幕府はすぐに攘夷期限を答えよ」との命を出した。

幕府は将軍後見職一橋慶喜以下、松平春嶽・松平容保・山内容堂の四人が、急遽、東本願寺に集まって勅命を聞いた。実際の外交をすすめる彼らに、攘夷が無理であることはわかっていたが、もはや仕方ない。四月一五、一六日頃をその時と決め、天皇が一八日に勅書を出す。

醜夷猖獗、皇国ヲ覬覦ス、万一国体ヲ汚ス如キ事アラバ速ニ掃攘セヨ（『保古飛呂比』）

半平太の一言が、国の外交方針の変更に大きく影響したのである。そして容堂との違いが、ようやく表面化しようとしだした。

松平容保■国立国会図書館「近代日本人の肖像」より

東本願寺の菊の門■京都市下京区

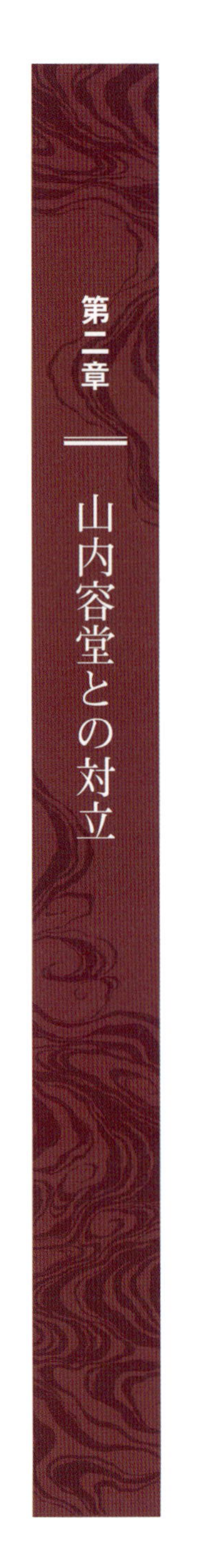

第二章 山内容堂との対立

■半平太を襲った危機■

容堂は京へ入る直前、大坂で命令書を出した。他藩との交渉で、藩士が出過ぎた議論をしてはならないというものだ。

平井収二郎は、その容堂が入京するや、大胆にも朝廷の政治改革について策を進言した。他藩応接役とはいえ、彼の身分は歩行格（かちかく）というきわめて低い下士にすぎない。容堂からすれば、明らかに出過ぎたふるまいだった。しかし、収二郎は気負っており、みずからの言動は、容堂への誠の忠節になると思っている。

収二郎は公家の姉小路公知に、護身用といってピストルを贈った。それだけでなく、鷹司関白に会って国家の議論までしていた。容堂はついにがまんならず、収二郎を呼びだし、「夕方御酒後、軽格者平井収次郎・小幡孫二郎両人召出され、昨日同様御叱り遊ばさる」（『寺村左膳日記』）、出格の議論が過ぎるとして叱っただけではおさまらず、彼の役職まで取り上げてしまった。片腕といってもよい収二郎の免職は、半平太にとっても大きな痛手だ。半平太は命をかけて容堂をいさめるが、容

平井収二郎邸跡■土佐藩下士。天保六年（一八三五）に生まれた。歩行格ながら土佐勤王党の幹部として活躍した。妹のかおもすぐれた女性だった　高知市山手町

堂は、上士にしたばかりの半平太の機嫌を巧みにとろうとする。銚子を片手に酒を注ごうと言い、飲まぬとわかるや菓子を与える。藩内には右から左まで、さまざまな人がいる。尊王で一致する容堂と半平太も、保守派の人々から過激な攘夷論者まで、ともに統率するのに苦心していたのである。

それだけに容堂は、下士の者が出過ぎた言動をするのを許さなかった。今度は間崎哲馬がいさめようと出ると、容堂は胸の奥深くに渦巻いていた青蓮院宮令旨の非を口に出し、衝いた。哲馬はたちまち窮地におちいり、収二郎と連名で自白書を出す。おって弘瀬健太も出し、土佐勤王党に大きなピンチがおとずれる。

これに対し半平太は、ひたすら尊王、また君臣の至誠をもって容堂をいさめる。容堂は御侍（上士）に上げた半平太だから、彼の言うことを聞きはする。しかし、取り上げない。そもそも、土佐勤王党はほとんど下士のみでできている。彼らの一途さを認めてくれという半平太に対し、容堂は下士の出過ぎた政治活動を頑として否定した。そして平井収二郎・間崎哲馬らへ見せたように、断固たる決意を示した。

加えるにこの頃、薩摩藩の高崎猪太郎*という志士が、容堂のまわりをうろついていた。猪太郎は公武合体を持論とするだけでなく、その実現のために、とかく高い身分の人に近づきたがる。

そして薩摩藩邸には、吉田東洋を切り殺した那須信吾ら三人がかくまわれていた。前後して容堂は、猪太郎より聞いたであろう松平春嶽から、連判状の存在を教えら

*高崎猪太郎■実名は五六。寺田屋事件に際しては、有馬新七たちが島津久光に従わずに寺田屋に集っていることを久光に密告した。長州征伐では朝稲兵助と名を変え長州に入り、長州藩の恭順の周旋に動いている。

平井収二郎の辞世■墨筆が許されなかったため爪で書いている　個人蔵　写真提供：高知県立歴史民俗資料館

れていた。そこに三人の名がある。

追い打ちをかけ、これまた猪太郎からであろう令旨の一件が容堂の耳に入り、哲馬たちは認めざるをえなくなった。収二郎が、「至誠を以て二藩に当るも、是に於て薩人意の如くならずを以て、遂に我を忌み、反って我を朝野に譏り、長土之暴論と為し、久坂玄瑞・武市半平太・余輩数人、実に彼之標的と為る也」（「帰南日記」原漢文）と書き残している。

至誠をもって薩長二藩に当たってきたが、薩摩藩は自制しきれずに長・土を暴論と譏り出した。代表が玄瑞・半平太・収二郎らだと責め出したというのである。島津久光の考えが背景にあるのだろう。

未解決の令旨に続き、連判状問題までおきた。これらをどう解決するか。もし連判状を容堂に見せるとするなら、三士の名だけは絶対に消さねばならぬ。半平太は、君臣関係をだれよりも大切にするだけに、より苦悩を深くした。半平太は密書に、薩摩の奸謀に陥ったのは遺憾としたため、急ぎ*上岡胆治（かみおかたんじ）を使いとして土佐へ送った。

■京都留守居加役への大抜擢■

ところが容堂は、半平太を手なずけるべく京都留守居加役に大抜擢した。京都留守居役といえば、柄弦（えつる）、母衣（ほろ）など、もともと上士の中でも高格の人々が務める役職

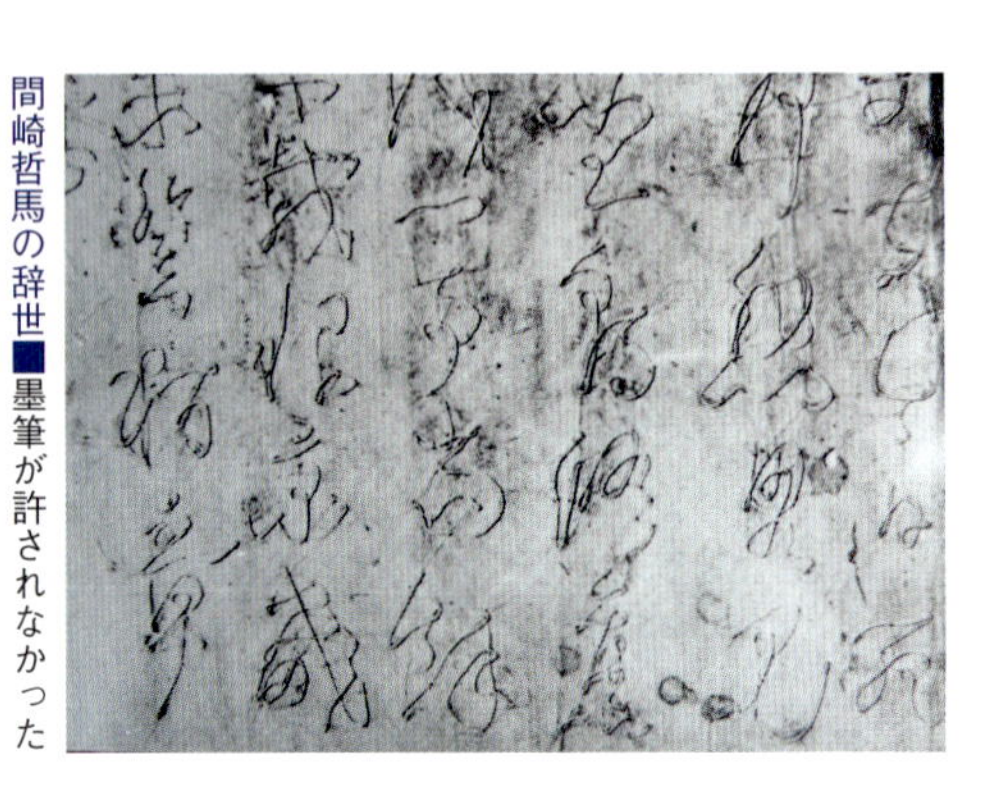

間崎哲馬の辞世■墨筆が許されなかったために、観世こよりで作った。間崎は土佐藩士で、土佐勤王党の幹部として活躍した。攘夷志士として有名な清河八郎とも親交があったという。私塾を構え、教え子として中岡慎太郎や吉村虎太郎らがいる

*上岡胆治■土佐の医師で、土佐勤王党員として活躍した。文久二年（一八六二）には上洛し、他藩の尊王攘夷派の志士と交流している。翌年には脱藩して長州に下り、禁門の変に際して自害した。

である。容堂は、これで半平太が自分寄りの考えに改まることを期待したのだろう。

半平太も、容堂の対応に確かに感動した。老公の志をつぐという誠意がわかってもらえる良い機会と考えたのだろう、三月二三日、半平太は土佐から取り寄せた連判状を持って容堂の面前へ出た。このときの様子は、「吹山、老公に謁す、初めて宿志を述べ、同志の旨趣始めて通ず、君臣問（間）の疑い稍解く」（「再遊筆記」原漢文）と同志の日記に記される。別の同志の書状によれば、容堂は血判同志の名前付を見、もっての外の喜びだったとある。ただこのとき、容堂は第三者の目に触れるのを避けるために焼却を指示した。

半平太がやがて逮捕されることを思えば、容堂が本心の半分を言わなかったのは事実であろう。しかし、連判状の焼却には好意で言っている半面の部分がある。誠をつらぬこうとする忠臣・半平太を認めているあかしだった。わかってもらえたと思った半平太は、留守居役として何年間かの京勤務を予想し、二九日、高知の冨に京都へ来ないかと勧めている。

ところが例の令旨の一件が、より深刻な問題となる。三日前、青蓮院宮が土佐藩士に、三人が強く迫ったのでやむなく一書にした、と答えていた。よって、哲馬が別件で逮捕され、収二郎はとりあえず帰国を命じられる。できるだけ半平太を認めたい容堂ではあったが、これでは行動を制約するしかなかった。


切腹前に留守家族へ宛てた弘瀬健太の手紙■弘瀬健吾氏蔵

■ 三士の切腹 ■

京に見切りをつけて帰国途中の容堂に、朝廷から半平太を差し出せと言ってきたとの連絡が入った。半平太が、とびぬけた正議の忠臣という理由だった。しかし、容堂は首を縦に振らなかった。

その半平太が京をたち、伊予と土佐の国境で追いつく。薩摩と長州のなかたがいなどの問題だったが、これまた「帰国してから」とでも答えたのだろう、そのまま彼を同行させ、二度と京へは行かさせなかった。

高知に着いた容堂は、すぐさま大規模な人事をおこない、尊王攘夷派を理解する重役のすべてを解いた。それだけでなく、表向きは無いとしたはずの、土佐勤王党の解散や脱党を進め、「朋党相立、激発之弊之無き様」(『皆山集』)との諭告を出した。半平太が容堂の対応に大きく落胆したことは、当然想像される。

収二郎・哲馬、そして弘瀬健太の処罰が予想されだした六月三日、半平太は苦心に苦心を重ねた尊王の意見書を出す。たとえば、その考えの人たちをさして、勤王「組」というのはなぜか。天朝を思えば「組」などといわず、君臣皆が一致しなければならないではないか、というような内容である。

しかし、容堂の態度は変わらず、七日、三名に切腹が申し渡され、九日、実行された。たとえ主君を思う忠節からでも、令旨を頂いた経緯に人を欺くところがある

平井収二郎の墓■高知市

間崎哲馬の墓■高知市

というのが理由である。

切腹前、半平太が容堂の前へ出て三名の助命を願い、容堂はわかったような態度を示したという、西山かお*（収二郎の妹）の後の証言がある。倫理か、法治か。容堂にも苦しいところはあったが、半平太からすれば、またも見せたあるじの芝居だった。対決が近づきつつあった。

■容堂との対決■

半平太は、収二郎ら三士が切腹した翌七月の二九日、ついに容堂を諫めるために拝謁を申しでた。臣下としての礼はとるが、正論と信ずるところを押し通し、容堂が承知したというまで譲らぬ決意だ。

まず、人材の抜擢が最も急を要する点を言うと、それ自体には賛成しながら、隠居の身であることと大老公豊資への相談が必要と答え、その方に責められ、一言も申し分なしと逃げた。

ついで、本題というべき攘夷の問題に移る。攘夷は、五月一〇日をもって期限とされ、幕府は、外国が従わなければ打ち払えとしていた。しかし長州藩は同日、いきなり外国船を砲撃した。そこで土佐藩は七月、朝廷へ建白書を出したが、幕府と長州藩との間に立つような考えを述べている。その不審を言うと、容堂が懸命に答

*西山かお■平井加尾。平井収二郎の妹で、坂本龍馬の初恋の相手ともいわれる。山内容堂の妹友姫が京都の公家三条家に嫁ぐ際に女中として上洛し、三条家に仕えた。のちに土佐に戻り、西山志澄と結婚した。

弘瀬健太の碑■高知市

えた。

太平之処ハ、根元外夷ト交易相結ヒ候節、日本ノ為ニナレハ永クイタシ、又、為ニナラサル時ハ何時ニテモヤメル、ト申事ニテ条約取替セ候事ユヘ、此度右之筋ヲ申聞ケ、日本ノ為ならずト申セハ止メ申すべき訳ニ付、彼承復スレハ、表向ニテ申セハ、則太平ノ訳ナリ

（文久三年八月七日、島村寿太郎宛半平太状）

そして、この後促された上京の進言には、朝臣の道としてその必要を認めながら、病気を理由に上京できぬとそらした。代理として、実弟・兵之助（へいのすけ）に補佐を付けた国事委任も、彼には力が無いと言って拒むなど、タジタジとなりながらも半平太の質問をかわした。

下関前田台場跡■長州藩が幕末に築造した台場のひとつ。四国連合艦隊下関砲撃事件の舞台となり、イギリス艦隊に占拠された。関門海峡や周防灘まで見渡せる要衝の地に所在する　山口県下関市

馬関戦争図■藤島常興筆　長州とイギリス・フランス・オランダ・アメリカ四国との武力衝突を描く　下関市立歴史博物館蔵

半平太はなおも迫る。容堂は話のなかで、長州藩が兵端を開いたことを粗忽と非難していた。窮地に陥っている同藩については、半平太のみならず、同志皆が救援に向かいたいところだ。そこを半平太が強く願うと、容堂は一〇日の打ち払いこそ軽はずみとしながら、叡旨に従った点で罪には付けられず、責めは幕府にあると答えた。乗じた半平太が、朝廷の御依頼を受けよと勧めると、江戸では攘夷勅使の応対に努力し、攘夷の決定、君臣の名義も実現させたではないか、と応じる。

午後二時から日没まで、延々五時間ほどに及んだ対決は、半平太が反論できない一語で終わる。将軍が違勅となれば、将軍の首をみずから討

山内容堂像■幕末の土佐藩主で、名は豊信。藩政改革を実行するなどして松平春嶽・島津斉彬・伊達宗城とともに四賢侯と呼ばれる。徳川慶喜に大政奉還を建白したことでも知られ、この像は大政奉還を慶ぶ姿を再現しているとされる　高知市・山内神社

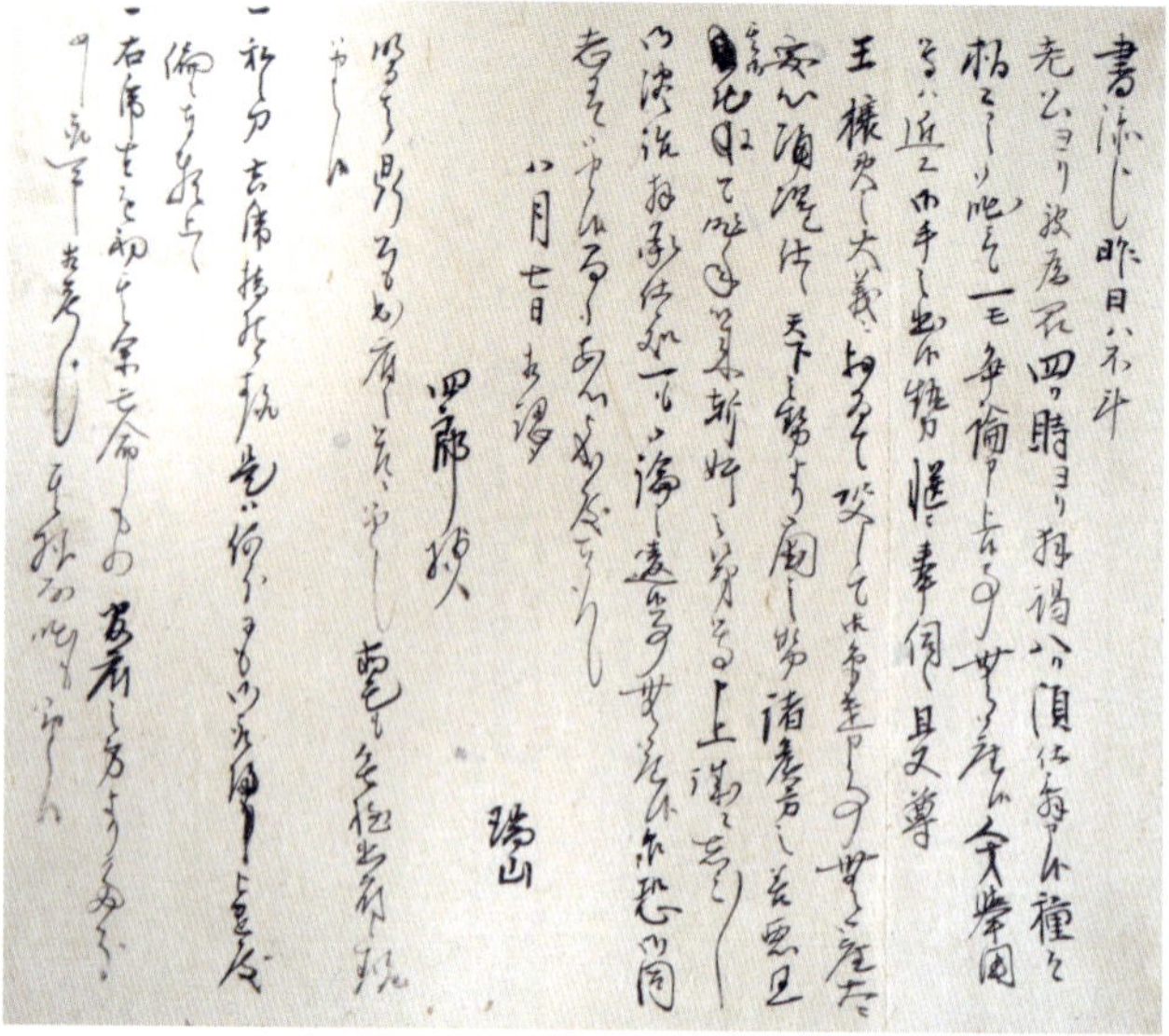

島村寿太郎宛半平太書状の追伸部分■高知県立歴史民俗資料館蔵

つとまで言ったのである。長い対話を終え、半平太は藩体制の一新が必要としながらも、容堂本人については決して気遣いなしと取った。

半平太は八月六日にも容堂と会い、四時間ほど話しこんでいる。ただ、これは容堂が招いたもので、論争というより、半平太の話を容堂が静かに聞く風だった。肝心の人材登用は一応約束したし、尊王攘夷の大義についても不安感を与えない。誠意を感じた半平太は、昨年来の斬奸についてさえうちあけた。同志に「恐れ乍ら御同志にて御坐候間、御安心成され度」（同前）と知らせているのである。

容堂は半分、芝居だった。八・一八政変は目前にあり、容堂はその一瞬を待って牙をといでいる。しかし、半平太は気づいていなかった。

山内神社■土佐藩初代藩主山内一豊と夫人見性院および歴代土佐藩主を祀る。文化三年（一八〇六）に山内豊策が高知城内に造った藤波神社に由来し、明治四年（一八七一）に現在地に移され山内神社として整備された　高知市

第三章 獄中での生活と闘争

■八・一八政変の勃発■

八月一八日。政変が起きた。

孝明天皇は攘夷ではあるが、もともと幕府と対立することなど好まない。三条実美ら過激な公卿を毛嫌いし、京都を意のままに動かそうとする長州藩、土佐勤王党にも不満をいだいていた。

夜が明けぬうちに中川宮（なかがわのみや）が突然、参内した。あの、半平太が尊敬している前名青蓮院宮である。この宮も攘夷に賛成ではあるが、天皇の考えに近い。そこで天皇の意にもとづき、公武合体派と結び、尊王攘夷派の勢力を一気に京から追い出すことにした。

皇居は天皇の信頼する松平容保と島津久光の軍勢、つまり会津・薩摩両藩の兵によって固められ、おって命をうけた土佐藩らが警備に加わる。長州藩が気づいたときにはすでに遅く、参内を禁じられた七人の公卿と都を落ちるしかなかった。情報は、日をおかず半平太にももたらされた。

八・一八政変の舞台となった堺町御門■
京都市上京区

七卿落ち図（部分）■佐川町立青山文庫蔵

十七日夕七ツ過ぎ中川宮様御参内、二条様同断、薩人壱人同断、同夜関白様、三条様、其外堂上方御免（「足軽虎吉聞書」）

右は、数多かっただろう情報のひとつで、朝廷の動きをつたえる足軽の聞き書きである。三条の免職は天皇の意向、とも書かれていた。

京の政変を知らされると同時に、吉村虎太郎らが中山忠光をいただいた大和挙兵の急報も届いていた。半平太からすれば、虎太郎の行動はもはや枠から外れていたが、とまれ天下は大動乱に陥ろうとしている。

一藩勤王の実現は難しく、過激な同志の鎮静化も考えなければならない。八方塞がりになりつつある状況で、今後をどう見通し、道を開いてゆくか。困難な中でも解決策を見出そうとする半平太に、政変で力を得た容堂は考えるいとまを与えない。待っていたかのように逮捕へと踏み切った。

（右）七卿落ちの密議が行なわれた妙法院の宸殿■上の七卿落ち図に描かれているのが宸殿である　（左）妙法院境内にある七卿落ち碑■京都市東山区

■逮捕され、牢屋に入れられる■

九月二一日の朝、大目付が派遣した武士団がやって来た。不審の筋ありとして、彼らへのお預けが決まっていたのである。

冨が耳を澄ませていると、ふすまを隔てた奥からは、千葉だの桃井だのと談笑しているのが聞こえる。牢屋入りにはならないかもと淡い期待をしたが、彼らはすでに家人との接触を絶っていた。半平太の食事を奥へ持ってこさせるだけでなく、家を出るときに妻や姉との会話さえ許さなかった。

ただ、ここで夫の教えをまもり、必死に耐えている冨を見て、ひとりが情けを示す。隔てている屏風を片寄せ、駕籠に乗り移り、立ち去る夫の後ろ姿の見送りを許した。冨にとって、これが彼女ひとりを愛したやさしい夫、武市半平太との生き別れだった。こらえきれずに冨は奥へ返し、畳に突っ伏して泣き崩れる。

お預けとされたのは初めだけで、半平太はその日のうちに牢屋入りとなった。当時、揚がり屋といわれたそこに入ることは、罪の疑いをもって、少なくとも判決日まで収容されることだった。

いったい何の疑いがあったのだろう。半平太はそのとき、「京都に対され、其侭に閣かれ難く」(「御預け令状」)としてお預けになっている。朝廷のために京に置けない、という漠然とした理由だった。

武市半平太邸跡■半平太は嘉永三年(一八五〇)に妻冨や祖母とともに吹井から転居した。現在、建物はすでになく、横堀公園内に碑が建てられているのみである　高知市

牢内の自分を描いた「笑泣録」■高知県立歴史民俗資料館蔵

上士・留守居組の身分を保ったままの半平太は、ときに拷問にかけられる下士とは違った。しかし、揚がり屋の環境など、大方に変わりはない。まず、揚がり屋へ入った者の家族は、その者の食事を届けなければならなかった。役所からは食事は出ず、富は、この日より夫のために丹精こめた弁当を毎日届ける。ただ、下男を使ってで、その下男もあるじ半平太に会うことは許されなかった。

また、半平太の家は、揚がり屋入りを出したことから、すべての門と戸を半閉にしなければならなくなった。謹慎する姿を示すためで、屋内はその分、暗

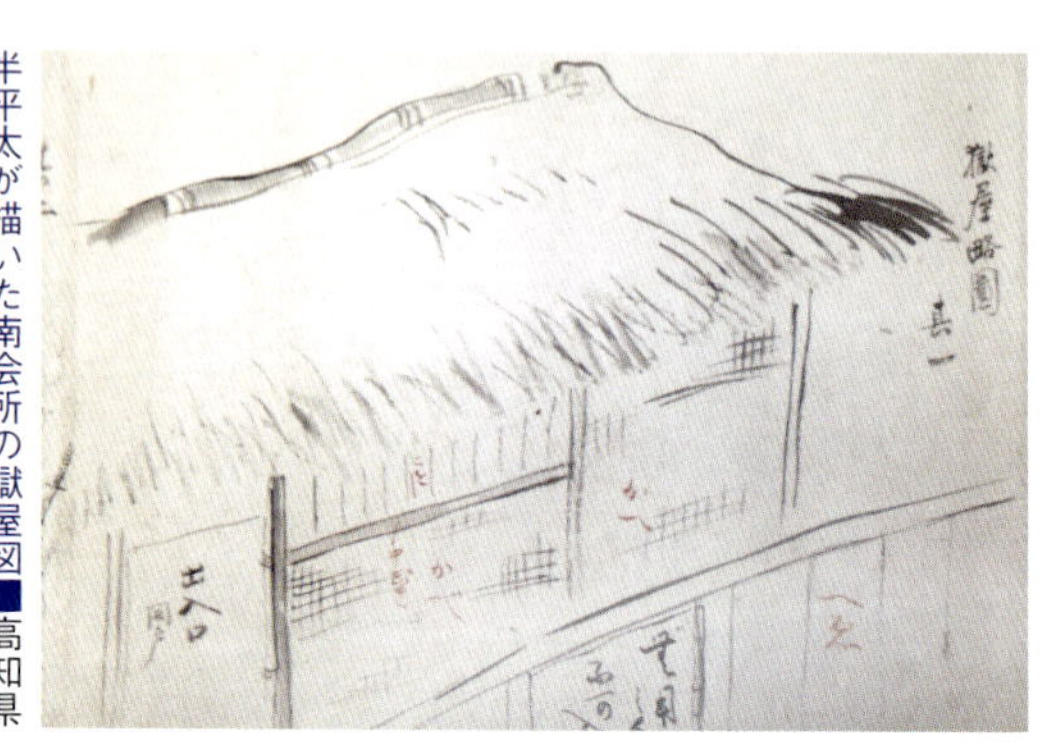
半平太が描いた南会所の獄屋図■高知県立歴史民俗資料館蔵

くなる。冨は、暗い室内でじっと耐えねばならぬ日々が、これより長く続く。
大きな音も立てられなくなった。薪割りひとつでも制約があり、できるだけ静かにせねばならない。半平太を預かった人々には留守を守る意味もあり、裏を返せば、彼らの厳しい監視下に入ったのである。

揚がり屋といわれた牢獄は、どんな風になっていただろう。

半平太が入った南会所（みなみかいしょ）の牢は、役所の敷地の一画にあった。彼の描いた絵によると、藁葺（わらぶき）・土壁（つちかべ）のそまつな家で、分厚い角材で造られたオリだけが、すこぶる厳重だった。

ひとりが入る板敷一室は約三畳で、下に食物の小さな取出し口があり、隅に蓋のないかわやがあった。夏至頃以外はいつも暗く、陽はほとんどあたらず、じめじめと湿気に満ちている。寒暖の差は外とは比較にならぬほど激しく、夏はかわやから強烈な臭気を発する。暑さを少しでも凌ぐため、牢番の理解を得て茶瓶一杯の湯をもらう。ふとんなど押しのけては、身体にかぶる日々が続いた。

肌の垢はかたまり、ダニやノミが食らいつく。寝ていてもネズミが顔を走り、天井からはムカデかヤスデか、落ちてくる。

それでも泰然自若、総じてものごとに動じない半平太。その半平太が牢の中で勉強を始めた。上番に儒学を学ぶ上田定蔵（うえたていぞう）がいて、半平太とやりとりするうち、逆に国家有用の学の大切さを教えられた。そこで、彼は人に半平太の偉大さを話しだす。

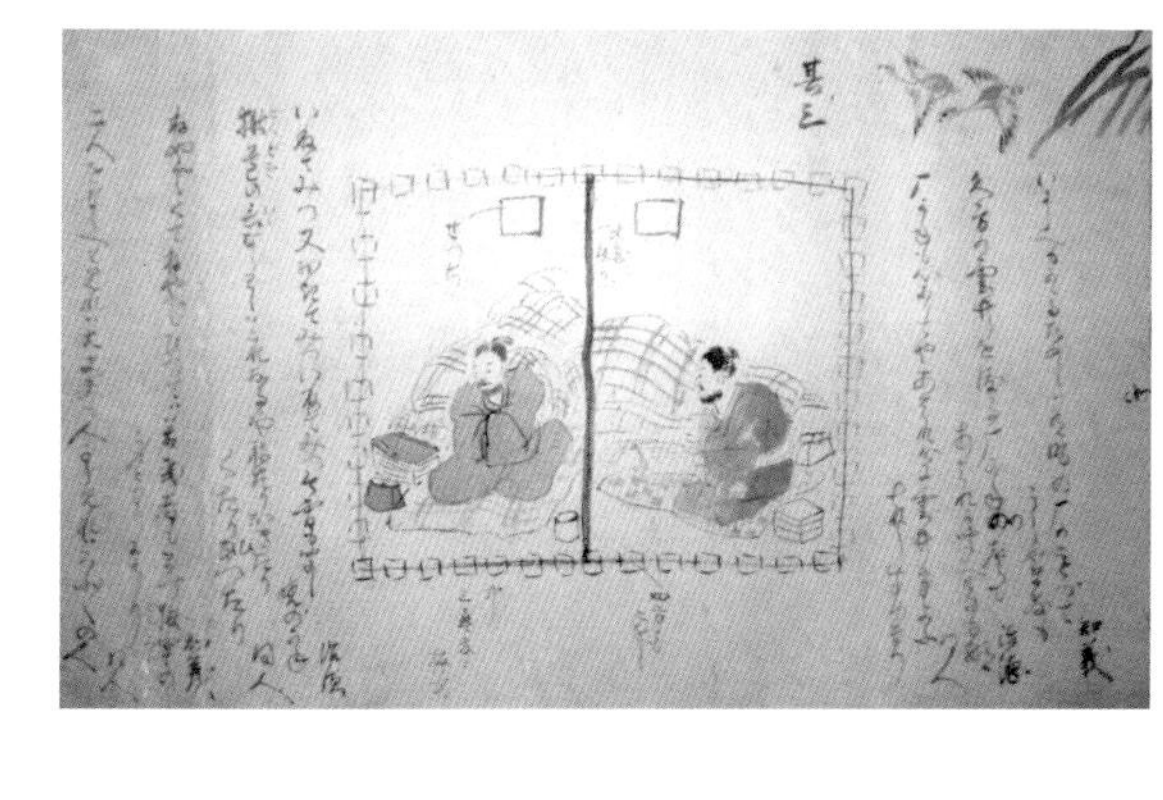

牢内の自分を描いた「笑泣録」（別部分）
■高知県立歴史民俗資料館蔵

明治時代の高知市とその周辺■当時の地名・地形・行政区域が記されている　「高知県管内全図」

すると大目付の耳に入り、大目付は彼を呼び、半平太を称揚することはならぬと注意した。しかし、定蔵はすんなりと応じなかったらしい。誠実な半平太に多くの牢番が慕っていったのである。

■外部との通信■

抜き打ちのように揚がり屋入りとなった半平太は、外部との接触はおろか、手紙の交換さえできない。三ヵ月間審問も全くなく、ただ、半平太は獄内で苦悩するばかりだった。

ところが、その人の偉大さ、誠実さに感動した牢番が慕いだし、同志同様となる人たちが何人もできた。そしてついには、手紙の取り持ちまでしてくれるようになる。一二月、半平太は妻や姉らとの手紙の交換ができだした。

これは、外にいる同志との連絡も同じだった。獄中闘争を進め、勤王党を守るには、半平太と外部同志との考え・記憶が一致していなければならない。そのためには、いつも意志を通じ合っていることが大事だが、三ヵ月間一切できなかった。これからもできないと思っていたところ、今、可能となったのだ。

まさに神の恵みか、半平太は、このときから万にひとつの希望をもって進みだす。半平太は妻や姉らへの手紙で、ときに花のはかなさなど軟弱な文を散りばめる。し

12月20日付け冨宛の半平太書状■高知県立歴史民俗資料館蔵

牢番門屋貫助に与えた半平太の獄中詩■故植田夏彦氏蔵　高知市立龍馬の生まれた町記念館管理

かし、同志への密書にそのような心配りは必要なく、ひたすら獄内外同志との重要密事だけを書いてゆく。

また、これを運ぶ牢番は、中番の門屋貫助（かどやかんすけ）・浜田良作（はまだりょうさく）といった、えりすぐりの同志を選んだ。半平太を敬うだけでは心もとなく、巌のような信念をもって行動する牢番のみを、密使とした。半平太は切腹前、貫助に一書を与えている。

ただ半平太は、妻の冨にだけは心を許し切って、つらいこと、苦しいこと、淡い期待なども素直に書いている。次は彼女と姉への手紙の一節で、一夜、生まれ育った吹井に尊王の思いが重なった夢を見る。

吹井の高石かけのへんに、をゝけなふじ石があって、夫へがくをかけると言事にて（一二月二〇日状）

■取り調べの始まり■

半平太らに対する取り調べが始まったのは、逮捕されてから八ヵ月もたった、元（げん）

半平太と冨を偲ぶとされる夫婦石■高知市

半平太生家の向かいの山にある岩場■高知市

治元年（一八六四）五月だった。暗くて狭い空間に閉じ込められ、身体が急速に衰えてきた半平太だが、取り調べが始まれば、それはそれで闘いの目標ができる。目付側は、はたして何を追及してくるか。

半平太が逮捕されたのは、京都に対してそのままには置かれぬ、という漠然とした理由だった。彼は、朝廷への取り組み方がおかしいというのなら、あるいは切り抜けられるかも、と思ったであろう。京都では、半平太が容堂の許しをもらわずに大事をおこなうことは、まずなかった。すべて伺いを立て、至誠の心を持ち、日本のためにと走ってきた。妻にも、天地に恥じることは少しも無いと伝えている。

ところが、目付方の追及はそうではなかった。文久元年（一八六一）に江戸から帰国したとき、小南五郎右衛門に対し、国の巨魁を倒したいと言ったのではないかと責めてきたのである。

巨魁は悪人の首領で、ここでは吉田東洋を指すことになる。半平太はすぐに否定したが、目付は認めず、続いて、同志から脱藩者を出したことと本間精一郎殺しを追及された。彼らは朝廷に対する半平太の行動ではなく、その他の行動・事件を材料としたのである。

これは、彼にとって意外だった。不思議に思った彼は後日、朝廷に対する言動を不審としたのではないのか、と問うている。役人はこれはこれで、七卿が朝敵となっているなどと答えた。しかし、半平太が「公卿方の謀反は知らぬ」と答えたように、

岡田以蔵の家があった付近■高知市相生町

これは目付方も追及しにくかろう。
彼はようやくわかった。追及は暗殺に絞られてくる、と。

■致命傷だった岡田以蔵の着牢■

目付方が個々の暗殺事件に焦点を絞れたのは、元治元年（一八六四）二月、岡田以蔵が京都町奉行所に逮捕されたためだった。

以蔵は土佐勤王党の一人として活躍しながら、人としての弱さから、中途、脱藩してしまった。浮浪人のようになってさまよいながら悪事を重ね、ついに捕まった。その以蔵が同年五月、土佐藩に引き渡されてしまった。これは、半平太にとって致命傷といえる衝撃だった。

以蔵は、半平太が子供の頃から面倒をみてきた可愛い弟子だ。ところが、心に弱さがある以蔵は、半平太がいないとダメになる。半平太が国事に走りまわる中で離れてゆき、ついに先生からも、同志からも見限られた。

以蔵が六月、船牢で高知へ送られてきたとき、半平太は彼の生存を嘆く手紙を書いている。これは子のない夫婦にとって、以蔵がいわばできの悪い身内のような存在だったのだろう。その馬鹿な子が牢屋の中で大声を出しながら話す。同志とのつながりを自慢するかのように——。

以蔵が入れられた山田獄舎の移転改築と伝わる薫的神社■高知市洞ヶ島町

岡田以蔵の墓■高知市

以蔵はわかっていなかった。「出奔無宿者鉄蔵・京都御構入墨者」（『武市瑞山関係文書』）。これは、のちの判決文に書かれた以蔵の肩書の一部である。脱藩した浮浪人、そして京都外へ追放となった犯罪人を意味する。武士どころか、まともな庶民の身分さえ失った以蔵は、目付方が拷問にかけようと思えばいくらでもできる。事実、何度かかけられ、知っていることをありのままに次々と白状した。こうして、同志の逮捕を呼び込み、半平太の苦悩をますます大きくした。

自画像を描く

半平太は七月一四・一五の両日、盂蘭盆（うらぼん）を利用して自画像を描いている。入獄してから三ヵ月後、牢番たちの深い尊敬を得て、外部との通信ができだした。そしてこの年五月までは、取り調べといったものもほとんどなかった。墨筆をとりよせ、ときに絵を描き歌を作る。そんな日があった。

その彼が両日、絵具を届けさせて牢にいるみずからの姿を描いたのはなぜか。以蔵が捕まった。そして六月、土佐へ送られてきた。後藤象二郎（ごとうしょうじろう）ら、土佐勤王党を憎む人たちの大目付任命が発表された。ときをおかず、厳しい取り調べや拷問など、激しい責めの始まることが確信できたからだった。

盂蘭盆は役所が休みである。半平太はそれを利用し、病気でやつれ果て、猛暑で

後藤象二郎■土佐藩士後藤助右衛門（正晴）の子として生まれるが、若くして父が亡くなったため、義理の叔父吉田東洋に育てられた。東洋が暗殺されると失脚し、江戸で勉学に励んだ。八・一八政変後、藩政に復帰し、山内容堂の腹臣として活躍した。板垣退助、佐々木高行とともに、土佐三伯の一人に数えられる　国立国会図書館「近代日本人の肖像」より

疲れ切った体にムチ打ち、渾身の力を振り絞って筆をとった。描かれた絵は三枚。一枚は冨に送られ、うちわを右手に膝を組んだポーズをとる。髭ぼうぼうの胸をはだけただけの座姿なのに、凛とした気品がただよう。ぐいと左方を直視する目の鋭さ、また白衣もさることながら、右上に書かれた、力強くも美しい賛があるためだ。その賛の二句はこう書く。

花は清香に依って愛せられ　人は仁義を以て栄ゆ

半平太はこの「仁義」、つまり心の徳と制を最も大切にしてきた。そしてこの仁義は、主君容堂へ対するときに最も誠実だった。つまり、「至誠」をつらぬいた。よって後の二句で言う。

幽囚、何をか恥ずべき　只、赤心の明らかなる有り

権道も、直諫も、すべては「赤心（せきしん）」の覚悟からきていた。

半平太はさらに二枚の絵を描き、すぐに絵具などとともに家へ返させた。明日からの闘いを決意したのである。

■正義に動いた人々■

土佐勤王党の獄は、わかりやすく言えば、政治への考えの違いからきた獄だった。天皇を中心とした新しい政治とするか、今までどおりに将軍を中心とするか、ある

7月15日付け冨宛の半平太書状（部分）■高知県立歴史民俗資料館蔵

いはその中間をとるか。かりにどれであっても、ただの火付け・盗賊などとは違う政治犯だった。

そして半平太は、これまで長く武家が朝廷から奪っていた政治の権力を、元のように朝廷へ返させることさえ考えていた。これは正義といえる。そのため、りっぱな人たちが随分と半平太のために動いた。

容堂の実弟・山内民部は、牢にいる半平太の身を心配し、御守りを冨に渡している。それだけでなく、彼は半平太を助け出そうと努力した。しかし、成らなかった。

次は、「英雄を待つ」と結ぶ民部の七言四句の前二句である。

奸徒跋扈し、世人同ず　　壮士の忠言、百吏の聾（佐川町立青山文庫蔵）

悪い役人がはびこり、志士たちの声をまるで聞かないと嘆いていた。

冨のいとこ島村衛吉は、拷問で死んだ。半平太は、役人が病死と偽ったと憤っている。その目付方トップのひとり、野中太内（のなかたない）が一時、職をはずされている。半平太

山内民部の詩（「春夜有感」）
■佐川町立青山文庫蔵

山内家から流出した半平太文書写しのコピー

武市半平太銅像■高知県須崎市

が聞いたところでは、勤王党員への拷問を止めさせたためだったという。牢番が、「拷も強クしてたま〳〵フサグ者はあれど、未〆殺したと申事ハ聞ん」（島村寿之助宛半平太密書）と噂していた。武士の心がわかる太内は、政治犯の彼らを拷問にかけてはならぬと思ったのだろう。

外部の同志は半平太を助けるため、ときにはそろって願い出、また、安芸郡二十三士のように武力決起した。正義を確信しているからこそだが、どれも無駄だった。

あの手この手で追及

目付陣は、土佐勤王党が同志間の盟約であることも追及した。この時代、徒党という言葉があるように、私に党を結んではならない。役人はそこを責め、さらに、主君を捨てて脱藩する者を生んだ党、また、正義をかたり討幕を図る私兵集団といった見方までした。

しかし、容堂は連判状を見たとき、いちどは皆の至誠を認めた。そのため、正面から結党の罪を取り上げるわけにはいかない。目付陣が突破口としたのは、やはり人を殺した罪を問うことだった。その最も責めやすい相手が以蔵だった。彼の白状によって同志が次々とピンチに陥り、ときに白状、ときに拷問、ときに自殺へと追

野根山二十三士の墓■高知県安芸郡田野町・福田寺　写真提供：山元宏典

二十三士記念碑■高知県安芸郡田野町　写真提供：山元宏典

い込まれる。

目付方は、普通ならできないはずの半平太の拷問さえ匂わした。武士の身分を奪って拷問にかけると脅したのだ。それでも半平太は屈しない。慶応元年（一八六五）に入ってからは、腹部が極端に悪くなってガリガリに細るが、病死より拷問死が良いといっている。

「屏風囲い」といって下役を退け、屏風の中で大目付らと向かい合いで対等に話すときもあった。武士の心をくすぐって油断させ、自白に導く方法だ。しかし、半平太はこれにも落ちない。十分に詮議をし、証拠をもって訊問を進めるべしと言い、最後はきっぱり、「多言ハ仕らず、所謂、棺ヲ蓋テ事定ルヘシ」（同志宛半平太密書）と答えた。

家で心配する冨は、番人の好意で牢に忍び入ろうと考えたときさえある。元治元年（一八六四）の暮れだが、とどのつまり止めた。日頃の夫の教えに従ったのだ。後で知った半平太も、会いたいのはやまやま、妻としてよく思い切ったと讃えた。冨は手紙を受け、感涙にむせたと回顧している。

一方的な断罪の御見付

半平太が逮捕されたのは、文久三年（一八六三）九月二一日のことで、新暦の

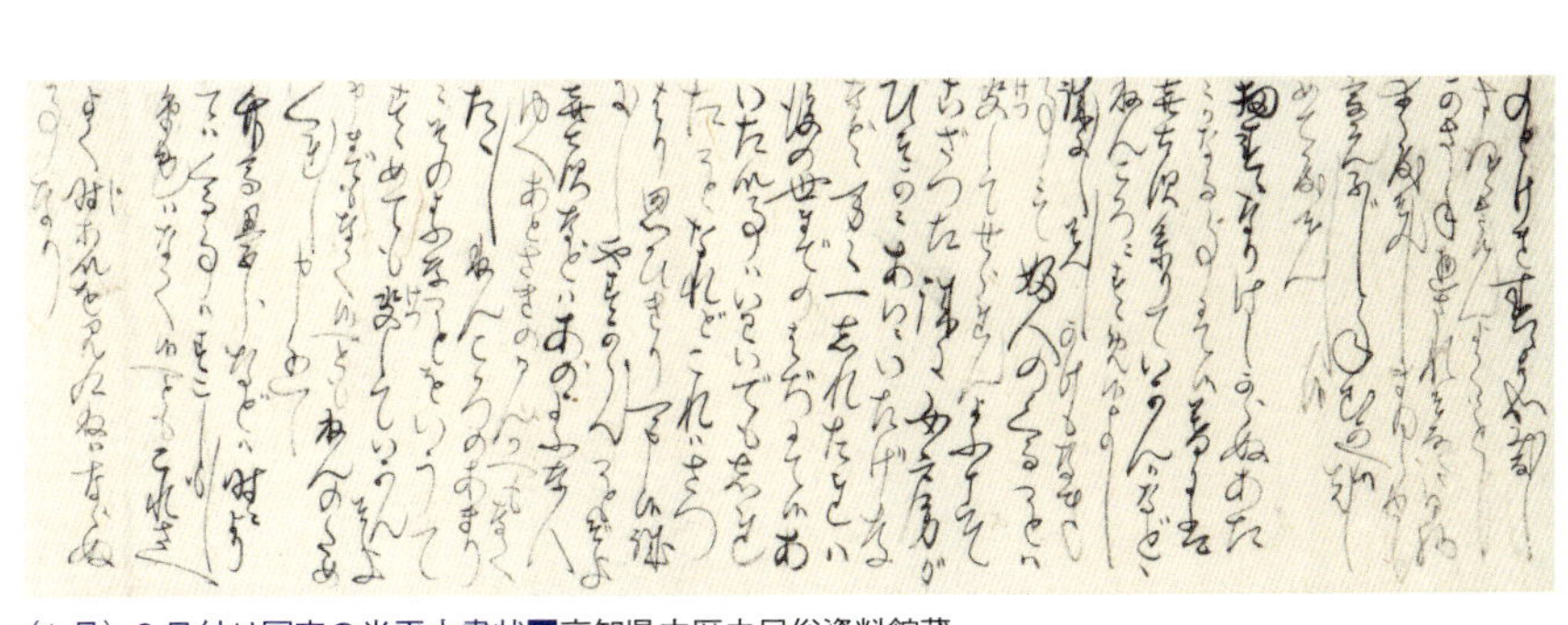

（1月）2日付け冨宛の半平太書状■高知県立歴史民俗資料館蔵

一一月二日に当たっていた。富は、のちに「良人の苦労をしのぶ為にと思ひ、夏は蚊帳をつらず寝ね、冬は酷寒でも板の間に寝て暮して居りました」（「武市千賀覚書」）と語っている。

　牢獄での半平太の闘争は、足掛け三年に及んだ。この間に二〇名近くの同志が逮捕され、多くが拷問を受け、なかには絞め殺され、自殺した人もいた。

　世は動く。八・一八政変後に窮地に陥っていた長州藩は元治元年（一八六四）一二月、高杉晋作が挙兵したことで大きく方向を変えてゆく。長州を征伐する幕府軍側だった薩摩藩も、中岡慎太郎らの努力で、長州と手を組む方向へ変わろうとしていた。しかし、土佐の老公容堂は、まさか薩長両藩が手を組んで反幕になりそう、など考えもしない。自信をもつ政権は慶応元年（一八六五）夏を迎え、裁判の終了を急ぎ始めた。

　五月、容堂が南会所へたて続けに入る。そこでは裁判がおこなわれており、判決をひかえて目付が被告に罪状を告げ、被告は「恐れ入る」を言う。岡田以蔵のように、証拠と自白がある者は簡単かつ明瞭に処理できた。しかし半平太には、証拠も、自白も無い。そこで目付陣は、「御見付」とすることを決めた。証拠・自白がない者を、一方的に断罪するやり方である。

　一九日、半平太は、容堂が聞き耳を立てているだろう審問の場へ引き出された。目付はやはりだれを殺したとかでなく、ただ国事犯にしようという口振りだ。そし

中岡慎太郎銅像■高知県室戸市

山内容堂公邸跡■山内神社に隣接する鷹匠がかつての所在地であるが、現在は碑が建てられているのみである　高知市

て言い放った。「御見付にて罰を付る」（五月二一日、奈美宛半平太状）。

二八日、ふたたび容堂が入った。目付の下役が腹の痛む半平太をむりやり引きずり出す。そこで大目付の後藤象二郎は、①徒党を結び、②京では高貴の方へ意見し、③老公へ非礼を申し上げたによって処罰する、と告げた。

しかし半平太は、「恐れ入る」を言わなかった。彼は翌日、この宮様への意見、また老公への非礼の言上とは何を指すのか、と小目付に尋ねている。すると、「アナタガ云はんと云ても上ニ御聞が有ておる、アナタが知らんと云と御隠（居）様立ヌ、自分が立て御上が立イでハすむまい」（同志宛半平太密書）と言われた。これにより、容堂が半平太の至誠を逆手にとり、一方的に国事犯として罰しようとするのがはっきりした。

半平太が容堂へたびたび諫言したのは、初めて容堂に会ったとき、「何事でも申し出よ」と言われたからだった。それがこうなった。容堂への不信感が決定的になったのは、このときとみてよい。こえて閏五月三日、罰を予告する同志への審問が大詰めを迎えたこの日、半平太が密書を出している。なかに「必〱当殿様ト（逆さヒョウタンの絵）公ト之方、異論ト存候」（島村寿太郎宛半平太密書）とある。

半平太はときに、酒好きの容堂をヒョウタンにして隠語代わりとした。しかし、逆さヒョウタンはなかった。ところが、ここにきて逆さヒョウタンとなった。それだけでなく、藩主豊範と容堂は「異論」だと断じた。ようやく彼が容堂を見限り、

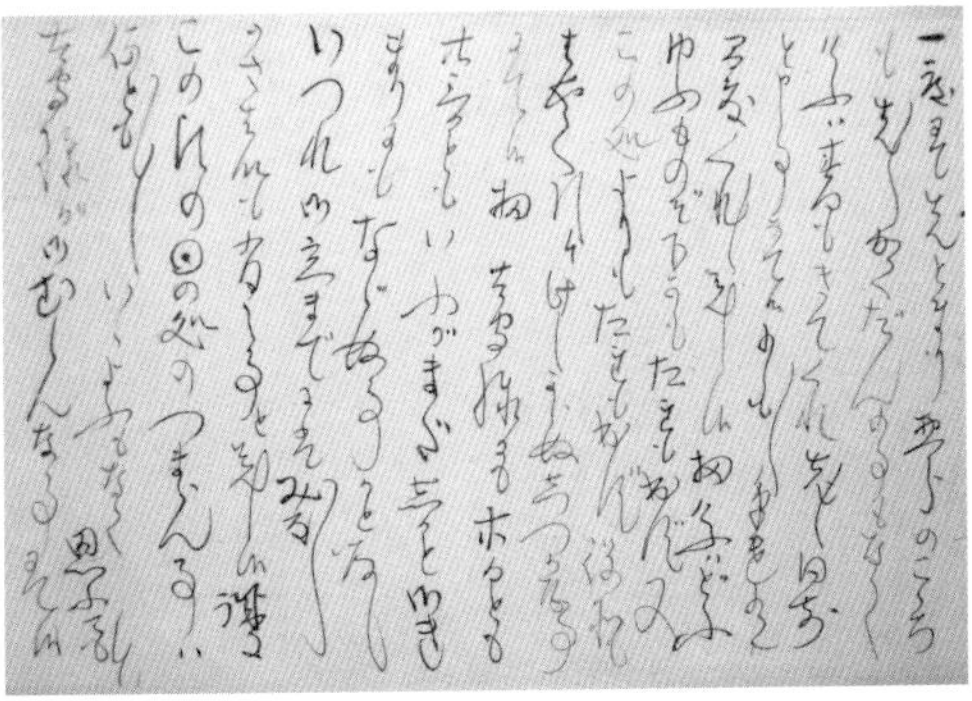

9日付け冨宛の半平太書状（部分）■高知県立歴史民俗資料館蔵

容堂を逆さヒョウタンで表現する半平太書状■高知県立歴史民俗資料館蔵

豊範に最後の期待をかけたとわかる。

九日、半平太は、豊範が容堂の前で獄の者を出せと言い、容堂がそれを許さなかったという、極秘話を牢番から聞く。藩主豊範が大坂へ上ることから結審が急がれ、半平太はその動きにわずかな望みをもったのだが、とうとう壁は破れなかった。

■見事な切腹■

判決内容は、半平太も最後までわからなかった。切腹前日の閏五月一〇日の夜になっても、冨に手紙を書いたその時点では、打ち首となる四人をまだ二人かと想像していた。同じように、自分が国事犯として明日罰せられるかとは思っても、具体的にどれほどの罪となるかはわからなかった。

留守を守る冨のもとへ、夫が切腹に決まったとの知らせが届いたのは、一一日午後四時頃だった。よもやの報に腰を抜かすほど驚いたが、そうもしておられない。親戚の男に来てもらうべく捜したところ、皆、呼び出しを受けて同時刻前に目付の

(右) 半平太殉節の地 (左) 同地に建てられている記念碑■高知市

もとへ出頭していた。その場で半平太の切腹が告げられ、介錯人二名の届を命じられたのである。

そこで、彼らは二人の名を届け、半平太が袴着用と聞かされたことから、新しい袴の取り寄せにかかる。おりしも半平太は、隣にいた同志の転獄を知ってすべてを察した。牢番たちへていねいに挨拶し、道具をかたづけ、髪を結い直し、洗い粉で体をすり磨く。さて着衣は、と思っているところへ届いた。半平太は「この事」と喜んでいる。

時刻は容赦なく進んで、午後六時過ぎ。入廷を告げられた介錯人が入ると、指定の座に、晒(さらし)の下着と浅葱(あさぎ)紋付の上着、絹帯締めで袴をはいた半平太が、大目付間(はざま)忠蔵(ちゅうぞう)に対している。忠蔵が高々と判決文を読みあげる。

去ル酉年以来天下ノ形勢ニ乗シ、密ニ党与ヲ結ビ、人心扇動ノ基本ヲ醸造シ(『保古飛呂比』)

やはり具体的な罪跡はなく、徒党・人心扇動・不敬・反乱といった、国事犯扱いの抽象的な言葉のみだった。しかも、半平太の至誠とは全く逆の、憎悪の表現に満ちていた。

最期まで闘った半平太には、いささかの動揺も見られなかった。もはやこの世に未練はない。礼を失わず、立ち居振る舞い常と変わらぬ姿は、切腹がむしろ凛と輝く武士武市半平太を見せる、最高の舞台と心得たと想像される。

半平太が切腹時に身につけていた襦袢切
■うっすらと血が滲んでいる　高知県立歴史民俗資料館蔵

半平太の切腹の場面を描く「武市瑞山宅跡並切腹図巻」■高知県立歴史民俗資料館蔵

静かに応じた半平太は、くぐりの内へ下がって着替える。これまた冨から上・下が届けられており、背景には下横目の理解ある斡旋があった。上下は武士の公式の着衣だったのである。

再び入った吟味場の中央には畳二枚が敷かれ、その上には打ち下しの畳表。座へ静かに着くと、前には白木の四方。その上に白木綿と鞘に収まった短刀がある。半平太は、両脇に控える介錯人に「御苦労」と声をかけた。ひとりは冨の実弟・島村寿太郎、ひとりは姉奈美の義子・小笠原保馬。万感胸に迫る段階はもう過ぎていたであろう。

座敷正面には大目付が正座し、

半平太と妻冨の墓■武市家の墓所に夫婦仲良く並んで建てられている昭和十一年（一九三六）九月に国の史跡に指定された。武市家の墓地にはそのほか、半平太の父母や祖父母の墓、さらには養子に迎えた半太夫婦の墓もある　高知市

脇から庭にかけても役人衆がずらりと見詰める。箱提灯と燭台でぼんやりと照らし出されたその吟味場で、半平太は見事に腹を切った。

しかし、歩くことさえ困難な日が多くなっていた半平太である。同志はできるだろうかとさえ思っていた。それが驚いたことに、三文字切りの豪胆な切腹をした。両手を着いてうつ伏せた半平太に、六刀のとどめを刺した介錯人のひとり寿太郎は、記録させている。「潔ク勇々敷コトニハ孰レモ舌ヲ巻キタリ惜ムベシ」（同前）と。

遺体は、勅使随行時の長棒の乗物で運ばれた。半平太はようやく家に帰ることができた。冨は血に染まった着衣で固まる夫の身を抱いて髪をそろえ、姉奈美はやさしく弟の髭をそりあげている。

■半平太の残像■

揚がり屋で端然と座す半平太を見ていた牢番門谷貫助が、のちに語っている。六

半平太を祀る瑞山神社■半平太旧宅や墓の近くにあり、命日である五月十一日には、毎年墓前祭がおこなわれている　高知市

歳ノ五月八日故武市半平太阪本龍馬中
岡愼太郎吉村寅太郎君ノ靈ニ告ク嗚呼
君等カ二十餘年前鞠躬國ニ盡クシ斃レ
テ而シテ後已ミシ者ハ眞ニ丈夫忠烈ノ志ニ負カ
ストハ謂フ可シ
聖天子其ノ勲功ヲ嘉シ爰ニ特旨正四位ヲ贈ラル
君等死シテ餘榮アリト謂フ可シ抑モ幕末
紛々ノ間ニ處シテ猶ホ能ク國ノ爲メニ薩長
ノ協一ヲ圖ル阪本中岡二君ノ如キアリ維新ノ
大業實ニ此ニ基セス夫レ富岳ノ高キ之レヲ望テ皆仰
ク之ヲ知ル而シテ之ヲ仰ク所以ヲ知ル者尠シ今ヤ外
交多難民力日ニ疲レ國家百年ノ長計未タ
立タス吾等果シテ二君ニ恥ツル無キ乎嗚呼丈
夫ノ魂ハ宜シク丈夫ノ魂ヲ以テ祭レ故友位ヲ設
ケ旨酒庭ニ芳シ英靈髣髴來レ饗ケヨ
明治二十四年五月八日
板垣退助

武市半平太等贈位祭文■明治 24 年になって、生前の行動に報いるために贈位された。板垣退助の筆である　高知県立歴史民俗資料館蔵

時に起き、一〇時に寝て一日を終えること、座禅僧のようだったと。しかし、武市一族から出た偉大な先人も、明治の御代に生まれた子供にはわからぬ昔の人である。

六、七歳のその娘は、高知城下を胡弓(こきゅう)・三味線・鐘・太鼓の囃子(はやし)で「トン、リュウ、リュウリュウ」と進む花台に見とれた。ところが、台上には格子の牢屋が乗せられ、中には髪がボロボロ、髭も伸び放題の人形がある。憂いを含んで格子につかまった姿である。

半平太の妹・琴の孫となる千賀には、牢にいたなら悪い人としか思えぬ。「不思議でならなかった」と彼女は書き残している。

千賀でなくとも想像できぬほどの、過酷な体験をした富にとっては、晩年に至っても、半平太は心の内に生きる大切な夫だった。その半平太の名誉回復と武市家の復興は、献身的な田中光顕(たなかみつあき)らの支援によって成された。

(右)半平太の業績を伝える瑞山記念館。二〇一一年三月にリニューアルオープンした　(左)記念館の横にある半平太の遺詠記念碑■ともに高知市

【主な引用・参考文献】

『武市瑞山関係文書』一・二　日本史籍協会編　／一九七二年　／東京大学出版会
『瑞山武市半平太先生伝』瑞山会　／（未刊）
『土佐勤王党首領武市瑞山』松岡司著　／一九八一年　／武市家私家版
『武市半平太伝』松岡司著　／一九九七年　／新人物往来社
『武市半平太と土佐勤王党』横田達雄著　／二〇〇七年　／横田私家版
『長宗我部地検帳』長岡郡上　／一九五八年　／高知県立図書館
『野中兼山関係文書』一九六五年　／高知県文教協会
『宰相野中兼山伝』松岡司著　／二〇〇七年　／冨士書房
『本田新田地払帳』一九八〇年　／松本瑛子
『土佐藩郷士記録』平尾道雄著　／一九六四年　／高知市立市民図書館
『保古飛呂比』一　東京大学史料編纂所編　／一九七〇年　／東京大学出版会
『土佐藩政録』上　高知地方史研究会編　／一九六九年　／高知市立市民図書館
『ひとりから』4　一九八四年　／とき書房
『南海地震と災害をたどる』松岡司著　／二〇一六年　／高知柏ライオンズクラブ
『土佐勤王志士遺墨集』青山会館編　／一九七三年　／名著出版
『正伝岡田以蔵』松岡司著　／二〇一四年　／戎光祥出版
『史料紹介土佐藩郷士岩井孫六「江戸日記」』松田智幸編　／二〇〇五年　／信州大学坂本保富研究室
『幕末斬奸録』山下白雲著　／一九二七年　／龍文館
『史籍雑纂』二　日本史籍協会編　／一九七七年　／東京大学出版会
『維新日乗纂輯』一　岩崎英重編　／一九二五年　／日本史籍協会

『寺村左膳日記』一　横田達雄編　／一九七八年　／県立青山文庫後援会

『明治天皇紀』一　宮内庁著　／一九六八年　／吉川弘文館

『武市佐市郎集』八　武市佐市郎著　／一九九八年　／高知市民図書館

『土佐維新史料』書翰篇三　平尾道雄編　／一九九七年　／高知市民図書館

『平井・西山家資料目録』二〇〇五年　／高知県立歴史民俗資料館

『高杉晋作と奇兵隊』一九八九年　／東行庵

「勤王者調」高知大学附属図書館蔵

「武市半平太関係史料」高知県立歴史民俗資料館蔵

「徳弘孝蔵関係史料」高知市立市民図書館蔵

「弘瀬家史料」弘瀬健吾氏蔵

あとがき

本書は、土佐を代表する幕末の志士、武市半平太を紹介する軽い概説書、いわばブックレット的な一書にまとめている。私は二〇年ほど前、半平太の牢獄での闘争を重視した伝記を世に問うた。既刊がそこをあまり重視しない点に不満をもったからで、これができた今、改めて全体像を平易に紹介したものである。武市半平太はもとより、土佐の幕末史、また土佐勤王党に関心のある方の手に取って頂ければ幸いである。

もともとこれは、二〇一五年六月二三日から翌年一〇月一八日まで、六〇回にわたって『読売新聞』高知面に連載した、「至誠の人・武市半平太物語」をベースとしている。セリフの活用など、小説風な叙述であったが、本書はこれらのほとんどを除くか、もしくは原典引用に改めている。ただ、当初の平易な表現は残っていると思う。

連載では、読売新聞社高知支局野口英彦氏に特段の御世話になり、出版にあたっては、戎光祥出版株式会社代表取締役伊藤光祥氏の御理解を頂き、同社藤原英太氏の御努力でカラフルな一書に仕上げて頂いた。その他、関係の方々共々厚く御礼申し上げる。

二〇一七年二月二二日

松岡　司

年号	西暦	月日	事項
文政十二	一八二九	九月二十七日	土佐国長岡郡仁井田郷吹井村に誕生。
天保十二	一八四一		一刀流千頭伝四郎に入門。
弘化二	一八四五	一月十六日	西洋流砲術徳弘孝蔵に入門。
		九月七日	父、老衰のため代勤を許される。
嘉永二	一八四九	十一月六日	家督相続。
		十二月十九日	冨と結婚。
嘉永三	一八五〇		麻田勘七に入門し初伝を受ける。道場を構え弟子取立を始める。
嘉永五	一八五二		中伝を受ける。
安政元	一八五四		皆伝を受ける。
安政二	一八五五	八月七日	藩命により安芸郡田野へ剣術教授のため出張（九月四日まで）。
安政三	一八五六	五月七日	藩命により香美郡赤岡へ剣術教授のため出張。
		七月十七日	臨時御用剣術修行のため江戸行を命ぜられる。
		八月七日	高知発。着府後桃井春蔵に入門。
安政四	一八五七	閏五月	二之目を受ける。
		九月	五重巻目録・九重巻印可を受ける。
		九月二十八日	帰国。
安政五	一八五八	四月四日	剣術教授方を賞せられ終身二人扶持。
安政六	一八五九	十二月十七日	白札郷士以下の剣術世話方を命ぜられる。
万延元	一八六〇	八月十八日	剣術修業、讃州丸亀藩に達す。
		十二月十三日	剣術修業、九州佐土原・飫肥両藩に達す。

和暦	西暦	月日	事項
文久元	一八六一	四月	剣術修業を名目に高知発。
		六月四日	江戸着。
		八月	土佐勤王党結成。
		九月三日	江戸発。
		九月二十五日	高知着。
		十月二十三日	大目付福岡藤次らに面談。
		十二月上旬	山本喜三之進・大石団蔵を久坂玄瑞のもとへ送る。
文久二	一八六二	一月上旬	坂本龍馬を久坂玄瑞のもとへ送る。
		四月一日	吉田東洋暗殺を謀議。
		四月八日	吉田東洋を暗殺。
		六月二十八日	参勤交代の行列高知発。
		八月二日	元下横目井上佐一郎を殺害。
		閏八月一日	他藩応接役を命ぜられる。
		閏八月九日	藩邸より三条木屋町へ移居。
		閏八月二十日	本間精一郎を殺害。
		閏八月二十八日	三条実美に拝謁し、勅使東下を入説。
		閏八月三十日	目明文吉を絞殺。
		閏八月	藩主建白書案立案。
		九月八日	中山忠光来宅。
		九月十六日	姉小路公知を諌める。
		九月十八日	青蓮院宮に三藩合議を言上。
		九月二十二日	一橋慶喜の上京阻止に動く。
		九月二十三日	幕臣渡辺金三郎らを殺害。

和暦	西暦	月日	事項
		十月十二日	正副勅使京都発。副使姉小路公知の雑掌として随従。
		十月二十八日	江戸着。
		十一月十三日	久坂玄瑞らの横浜異人館襲撃を阻止。
		十一月二十七日	勅使江戸城入城。
		十二月四日	将軍徳川家茂に拝謁。
		十二月六日	松平春嶽に拝謁。
		十二月七日	江戸初。
		十二月二十三日	京都着。
		十二月二十五日	留守居組に昇進。
文久三	一八六三	一月四日	京都発。
		一月八日	高知着。
		一月二十四日	京都着。
		二月五、六日頃	密事用を命ぜられる。
		二月十日	久坂玄瑞らの斬奸計画を断念させ、攘夷即行の代替案を進言。
		二月十七日	山内容堂より酒菓を賜る。
		二月二十五日	平井収二郎・真崎哲馬に自首を勧告。
		二月二十六日	上岡胆治を高知へ送る。
		三月十五日	京都留守居加役に就任。
		三月二十三日	血盟書を容堂に示す。
		四月四日	京都発。
		四月八日	予州馬立にて容堂に拝謁。そのまま帰国。
		六月三日	容堂に意見書を提出。以後数回。

和暦	西暦	月日	事項
		七月二十九日	容堂に謁し上言。
		九月二十一日	逮捕、入牢。
		十一月十二日	実弟田内衛吉ら逮捕、入牢。
		十一月	師徳永達助、寛大な処置を嘆願。
		十二月二十日	妻と姉へ覚悟を要請。
元治元	一八六四	五月二十六日	初めて尋問。
		六月十三日	門田為之助以下二十八士、寛典を請願。
		六月十四日	岡田以蔵着牢。
		七月十四、十五日	獄中、自画像を揮毫。
		七月二十七日	清岡道之助以下二十三士決起。
		九月五日	二十三士討首。
		九月下旬	山内民部、慨嘆の詩を寄こす。
		十一月二十八日	実弟田内衛吉服毒自殺。
慶応元	一八六五	三月二十二日	親族、出養生願を提出。
		三月二十三日	島村衛吉拷問死。
		四月二日	出養生願却下。
		五月十九日	尋問。容堂入庁。
		五月二十八日	御見付予告。容堂入庁。
		閏五月十一日	切腹。
		閏五月十二日	吹井村先塋の地に埋葬。
明治十	一八七七	三月三十日	族禄復旧。
明治二十四	一八九一	四月八日	正四位を追贈。

※拙著『武市半平太伝』による

【著者略歴】
松岡 司（まつおか・まもる）
昭和18年（1943）、高知県佐川町生まれ。法政大学大学院日本史学専攻修士課程中退。佐川町立青山文庫名誉館長、歴史家。現在は執筆や講演活動を行なう。
著書に『土佐勤王党首領武市瑞山—未公開史料の紹介—』（私家〈武市新一〉版）『武市半平太伝—月と影と—』（新人物往来社）、『中岡慎太郎伝—大輪の回天—』（同）『土佐藩家老物語』（高知新聞社）、『定本 坂本龍馬伝—青い航跡—』（新人物往来社）、『歴史街道佐川』（佐川町立青山文庫）、『宰相 野中兼山伝』（冨士書房）、『異聞・珍聞龍馬伝』（新人物往来社）、『正伝 岡田以蔵』（戎光祥出版株式会社）、『南海地震と災害をたどる—残された教訓—』（高知柏ライオンズクラブ）、『牧野富太郎通信—知られざる実像』（トンボ出版）など多数。

シリーズ・実像に迫る 008
武市半平太（たけちはんぺいた）

2017年4月20日初版初刷発行

著　者　松岡　司
発行者　伊藤光祥
発行所　戎光祥出版株式会社
〒102-0083 東京都千代田区麹町1-7 相互半蔵門ビル8F
TEL：03-5275-3361（代表）　FAX：03-5275-3365
http://www.ebisukosyo.co.jp
編集協力　株式会社イズシエ・コーポレーション
印刷･製本　日経印刷株式会社
撮影協力　坪内政美
装　丁　堀　立明

ISBN：978-4-86403-238-4